U0932076

信念再思叢書

暴力世界中的溫柔

軟弱羣體的先知見證

侯活士、范尼雲　著
陳永財　譯

基道出版社

▼

信念再思叢書

暴力世界中的溫柔

軟弱羣體的先知見證

Living Gently in a Violent World

The Prophetic Witness of Weakness

作者
侯活士 Stanley Hauerwas
范尼雲 Jean Vanier

譯者
陳永財

責任編輯
江程輝、林諾欣

裝幀設計
奇文雲海．設計顧問

■

出版／發行
基道出版社
香港沙田火炭坳背灣街26號富騰工業中心1011室
LOGOS PUBLISHERS
Unit 1011, Fo Tan Ind. Centre, 26 Au Pui Wan St., Shatin, Hong Kong
電話：(852) 2687-0331　傳真：(852) 2687-0281
網址：http://www.logos.com.hk

承印
海洋印務有限公司

●

4/2012 初版
Cat. No. LP931
ISBN: 978-962-457-438-8

刷次	10	9	8	7	6	5	4	3	2	1
年份	2021	2020	2019	2018	2017	2016	2015	2014	2013	2012

目錄

導論

在暴力的世界中溫柔地生活

斯溫頓（John Swinton）

> 我對做好事沒有興趣，我只對給羣體一個教會論式視象（ecclesial vision）感興趣。我們是弟兄姊妹，耶穌呼召我們從金字塔中走出來，成為一個身體。
>
> 范尼雲（Jean Vanier）

我在進入學術圈子前，擔任了多年的精神科護士，其後又任職精神健康院的院牧（mental health chaplain），服事各類精神疾病患者和智障人士。與精神健康行業中的大部分同事不同，我一直都對給人們的狀況作診斷或探究病因不十分感興趣。雖然那時我還年青，但我明白到，診斷和標籤並不能準確地代表人們。事實上，這些解釋可能引致具破壞性的標籤和侮辱性的假設，蹂躪著那些接受這些解釋的人。令我感興趣的是，有這些生命經驗的人，他們怎樣看世界。他們以不同的方式看事物。當我細心聆聽時，世界稱之為「瘋狂」或「殘障」的人，卻變成了一條管道，容許我——也容許任何選擇觀看和聆聽的人——在一個喜歡欺騙的世界中接受一種不同的真理。

在本書第三章，范尼雲告訴我們：「隨著年紀漸長，我發覺自己與那些所謂正常人相處時有困難。我不知道應該跟他們談論甚麼。與殘障人士一起吃晚餐時，我可以鬧著玩，但我也可以看到，我正變得邊緣化。我知道，向更廣闊的世界說話是重要的。但當你發現你正活在兩個世界之中，這並非總是一件容易的事。」我明白他的意思。協調殘障人士的世界和那些不認為自己是殘障的人的世界，這可以是可悲、令人挫敗的，同時卻又是十分喜樂的！但這種相遇帶有轉化我們的友誼、我們的政治和我們的靈性的潛力。

邊緣化（marginalization）往往是兩個世界的公民所主要通用的。[1] 不過，如果教會要成為教會，而世界要認出耶穌並得到轉化的話，這兩個世界之間的對話是必須的。認真地看待「殘障的世界」，並藉著細心聆聽那些以不同方式看事物的人，從而容許我們的觀點受到模塑和改變，這就是轉化和盼望的先知性職事；若我們想忠心地生活，我們就需要參與這職事。本書兩位作者的其中一個盼望是，這裏所呈現的文章會幫助讀者變得「奇特的」（odd），使他們以不同的方式看世界，從而認識到那奇特性對於忠心的門徒身分所具的先知性質。因此我在這裏提出一個警告：到你讀完這本書時，你的朋友可能開始覺得你有點古怪！

以不同的方式看世界

我們在西方寓居的社會是一個陌生的地方。我們奇怪地對某些真相（truths）感到自在，而在反思下，這些真相卻是十分刺耳，甚至是令人困擾的。例如：對於得知每天有多達兩萬名兒童死於那些可以預防的疾病，我們似乎感到頗為自在。我們忽略了一個深刻的反諷：我們不斷藉著發動戰爭以尋求和平。我們制訂政策和實踐，以歡迎殘障的人進入我們的羣體，給予他們權利和責任，但同時我們卻又發展不同形式的基因技術，從一開始就要阻止他們進入社會。

范尼雲說法國在未來幾年內不會再有唐氏綜合症（Down syndrome）的兒童出生，因為他們都會被人以墮胎這方式除掉。如果這是事實，我們的社會便有嚴重問題。正如我那位有唐氏綜合症的朋友約翰（John）所說：「這並不令我們感到很受歡迎，不是嗎？」[2] 而他是對的。侯活士（Stanley Hauerwas）在第二章便正確地指出，在西方文化中，對於殘障人士其中一個真正的危險就是憐憫！我們以憐憫的名義，渴望減輕我們眼中的苦難，這很容易引致我們毀滅那些上帝所創造的、而且祂最愛的人。這是多麼的古怪。以墮胎這個方式把殘障的孩子除掉，這究竟是在減輕誰的「苦難」? 我懷疑這個問題的答案，是在於我們向誰提出這個問題。而我們的社會卻很少花時間詢問殘障人士。這是多麼的古怪。

在天堂用手語？過去幾年，我們中間一些在阿巴甸大學（University of Aberdeen）參與實踐神學的人，在不同形式的參與性研究之中跟殘障人士合作。這個研究是設計來幫助我們檢視那些與殘障、神學、教會和社會有關的重要課題，並探討與殘障人士好好地一起生活的生命意義。[3]我們的部分工作包括細心聆聽殘障人士的故事。當我們進入「殘障的陌生世界」，學習怎樣聆聽人們與我們分享的那些具轉化力的敍事時，我們的理解、看法、價值觀和期望便改變了。當我們接觸范尼雲和侯活士在這本書的文章時，我們會從聆聽這兩把先知性的聲音中得著幫助。讓我們由安琪拉（Angela）開始吧。

幾年前，我執教一個牧養關顧的課程。那是一個遙距課程——這意味著有些學生在阿巴甸的課室上課，其他的則在英國各地透過電話上課。那次的學生有著不同背景和觀點。其中一個學生是失明的，還有一個學生嚴重失聰並要透過傳譯員説話。一次上課時，人們分享他們不同的屬靈經驗。安琪拉這位失聰的女士開始講述她所發過的一個夢。在這個夢中，她在天堂遇見耶穌。她與耶穌交談了一段時間，她説自己從未經歷過這樣的和平及喜樂。她説：「耶穌與我所期望的完全一樣。**而且祂的手語實在了不起！**」

對安琪拉來說，天堂的完美不包括她的失聰「得醫治」。而是，在那個地方，那些限制著她現在生命的社會、關係和溝通障礙都不再存在。以前是「殘障」的，現在變成常態；以前引致排擠、焦慮、分離和失去機會的東西，現在變成耶穌與她交往的恰當模式。在我們聆聽安琪拉的故事時，我們的心意便得到更新（羅十二2），而且在耶穌從祂自己居住於殘障的「陌生世界」中向我們說話時，我們便能得自由，以不同的方式看祂。這是多麼的古怪。

重新敘述世界。黛安娜（Dianne）是患有唐氏綜合症的年青女士，她也挑戰我們以不同的方式看世界。當有人要求黛安娜描述她怎樣經驗靈性時，她說：「我出生時心裏有個洞。我年幼時，那個洞需要修補，而且我病得很厲害。可能因為這樣，我總感到自己很特別⋯⋯上帝是我最好的朋友。上帝令我特別，因為我對祂而言是特別的。」[4]

在黛安娜描述自己與上帝的關係之中，最驚人的或許是她怎樣將關於殘障的文化敘述扭轉過來，與很多有關苦難和憐憫的主流觀念相反。例如：對處於她這種景況的人，傳統的神學討論往往集中在神義論（theodicy）上：「善良和慈愛的上帝怎能容許這種殘缺和苦難？」另一方面，我們那自由主義的文化假設則往往堅持：「不容許這些人存在，不是更好和更有同情心嗎？」黛安娜不容許這些立場偽裝為正統；在上帝按她的本相而愛她的這個真理亮光下，她重新敘述了文化和神學的神話，並重新給她的殘障置上新框架。

黛安娜的殘障沒有喚起關乎上帝是否善良和慈愛的這些問題，反而將她帶到上帝的真正同在中，並表明她為特殊的。社會往往以負面的方式使用**特殊**（special）這個詞語（「特殊需要」、「特殊教育」），但黛安娜卻將它置於愛的框架中。辨識到個人的特殊性，是通往與上帝建立友誼的大門。這個世界往往忘記我們是誰，並以標籤、定型、模仿和虛假假設的複雜網絡來囚禁我們；在這個世界中，這特殊性提出一個激進的政治宣言。黛安娜溫柔地描述她對神聖的辨識，她在其中揭示出一種政治，是與世界的政治形成強烈對比的——正如我們會在第四章所看到的，這種政治模式是上帝將臨的國度的本質。

黛安娜和安琪拉的故事將本書的一些主要元素連結起來。她們的故事揭露了我們很多對殘障所作的文化性和神學性假設是多麼的古怪，它們亦深刻地與侯活士和范尼雲在接著的幾篇文章所提出的思想呼應。兩位作者都留意到黛安娜所強調那些在文化上的不和諧，兩位（以不同方式）都給予我們新的模式，以構建和進入殘障的陌生世界。事實上，當我們聆聽安琪拉、黛安娜、侯活士和范尼雲的聲音時，我們便能清楚看到，陌生的不是殘障的世界，而是「外面」那個我們敢於稱為正常的世界。原來殘障的世界是上帝選擇寓居的地方。

這本書怎樣誕生

這本書的文章源自一個獨特的會議，此會議是由阿巴甸大學的靈性、健康和殘障中心（Centre for Spirituality, Health and Disability；www.abdn.ac.uk/cshad）所主辦的。二〇〇六年，我們邀請侯活士和范尼雲來蘇格蘭逗留兩天，討論和思想關於殘障與神學的一些重要議題。他們以前從未見過面，雖然侯活士多次在寫作中提到范尼雲的工作的重要性，以及方舟團體（L'Arche communities）的意義。或許這件事其中十分重要的一面，是這兩位先生互相獻出友誼的禮物，給對方增添光輝，而且我相信這友誼會延續到永遠。

侯活士和范尼雲花了讓人著迷的兩天，圍繞殘障這個主題，特別是圍繞「方舟團體對教會有甚麼話説？」這個問題，公開地和私下地分享了他們的思想、喜樂和關注。我們都感到教會正處於危機之中，需要由不冷不熱轉為忠心，需要由與上帝及彼此間的疏遠，轉為與上帝及彼此間建立的友誼。事實上，如果教會真的渴望向世界活出它的使命，並榮耀那位本身就是愛的上帝，那麼，對這個需要的處理就是十分重要的。他們溫柔的對話開始梳理出教會景況所帶出的含義，也開始思想就著上帝的本性和忠心的門徒身分，殘障可以告訴我們甚麼。

范尼雲和侯活士都指出，要榮耀這樣的上帝，我們便要辨識出福音基本的原則，那就是最軟弱和最不體面的人是教會所不可或缺的（林前十二22）。不過，正如范尼雲在第三章說：「我從未見過任何關於教會論的書籍，是以這句話開始的！有誰相信這句話呢？」但范尼雲和侯活士相信它。這本書是一個嘗試，幫助我們也開始也這樣作。

為甚麼是方舟團體？

範式轉移（paradigm shift）的一個重要方面是其需要範例（exemplars）——那些可以示範新範式的人或團體，他們挑戰我們的前設，吸引我們相信那新範式實際上是可能的。[5] 方舟團體就是這樣的範例。范尼雲在一九六四年創辦方舟團體。開始時，他只是與兩個嚴重智障的人一起生活。自從那時開始，方舟團體就以其基本精神——「一起生活」而不是「為人做事」——而成為了一個國際網絡，在其中智障的人與沒有這種人生經驗的人一起生活。他們不是作為照顧者和受照顧者的身分來一起生活，卻只是作為伙伴，彼此關顧和分享所需。方舟團體提供一個獨一無二的包容模式，是以深邃的天主教靈性和神學為基礎的。方舟團體真的奇特——它拒絕做那些社會認為它應該做的事情。

方舟團體作為記號和聖禮。這樣拒絕遵從社會規範，令侯活士視方舟團體為有力的羣體範例，此羣體乃是指上帝所給予我們以作為我們救贖標記的羣體：教會。侯活士視方舟團體為那實在的見證——基督教的故事既是真實的又是可以活出來的。對侯活士來說，「如果沒有見證，也就是若沒有一些人以實踐來顯示，他們對以一種獨特的方式來建構整體予以委身式的認同，基督教便是不可理解的」。[6] 基督教遠遠不單是一個觀念，他說：「相反，它是一個有形體的信仰，它必須讓人看到才能夠令人相信。」[7]

正如教會蒙召所要展示的那樣，方舟團體藉著顯示若福音是真實的，羣體便會是怎樣的，從而顯示出基督教是真實的。與學習道德原則不同，跟隨耶穌要求內心的改變。「基督徒羣體關係的核心內容，就是如果我們要充分地看到〔它的〕認信的真理，我們的自我便要被轉化。」[8] 方舟團體是盼望和新的可能性的一個記號；但最重要的是，它是一個福音真理的標記；它是活著的明證，證明基督教所盛載的故事並不是幻想，也不是一系列抽象的原則，而是真正和真實的，並且是清楚地被展現出來的。當我們這樣看方舟團體時，我們便開始看到，「方舟團體對教會有甚麼意義？」這個問題的含義，怎樣遠超過這個觀念：殘障神學（disability theology）是「專家的興趣」。這個問題實際上是福音的核心。

不大可能的盟友？驟眼看來，范尼雲和侯活士似乎不大可能成為盟友。侯活士（在二〇〇一年獲《時代週刊》〔*Time* magazine〕選為美國最佳神學家）是身經百戰的學者，他自然傾向運用他磨練得很好的智性技巧來為智障的人辯護。正如他在第四章所說，他視自己為「代表方舟團體的戰士，與那些威脅要消滅這些溫柔團體的政治爭戰」。在某個層面，他與范尼雲和方舟團體的溫柔形成強烈的對比。他說：「當我看見一個要被打敗的敵人時，他

〔范尼雲〕卻看見一個需要醫治的傷口。這是一個深刻的分別。」

不過，范尼雲也同樣是一位戰士。在方舟團體成形期間，他打了很多硬仗。[9]他是溫柔的，但正如我們將會看到的，他也有施行暴力的能力，因為和我們所有人一樣，他也帶著由自己的孤獨(loneliness)所造成的深深的傷口。但和我們很多人不同，他學懂視他的敵人為上帝所愛的受傷者。雖然溫柔並不容易出現，也不會自然地出現，但在他容許那些與嚴重殘障的人一起時所得的經驗來模塑自己的假設和行為時，他便學懂溫柔。

溫柔是上帝國必不可少的向度(太十一 28～30)，但溫柔是需通過學習而得的技巧，需要努力，也要求耐性、緩慢和充足的時間。[10]這種努力表示我們需要成為「時間的朋友」，成為耐心的人，明白「我們有所有時間，讓我們做那些必須完成的事」。時間的這種朋友尋求養成一種慢下來的耐性，並尋求明白我們的生命不是我們自己的創造，而且那位以美麗充滿宇宙，並創造我們所有人的上帝(詩二十二 9～10)，總會找到時間與我們一起，與我們坐在一起，推動我們在歷史中去到一個我們可以稱之為屬於自己的地方。

當我們承認在看到創造和我們自己生命的恩賜/禮物(gift)時，我們便有自由以不同的方式生活。好像黛安娜和安琪拉，我們有自由根據耶穌的啟示和方舟團體那充滿盼望的同在，而重新敘述自己的生命。換句話說，我們有自由去愛。我們有自由以聖潔的親吻彼此問候(羅十六16),並正如皮珀(Josef Pieper)所説,有自由彼此給予對方愛的言語:「你存在是好的;你在這世上是好的。」[11] 這本書的文章為我們所有人帶來一個開始,讓我們可以這樣做。我們將這些文章當為帶來具轉化作用的恩賜/禮物而獻給你,並祈求它們會帶給你很多祝福。

第一章
方舟團體的脆弱和上帝的友誼

范尼雲

我已經與殘障人士一起生活了四十二年。那是美好的時光。很多人來到方舟團體時，都正處於被排擠而感到憤怒，或者自我封閉在抑鬱中——他們迫切地渴求真正的關係。很多人來到我們的團體，與殘障人士一起生活，他們都受到這些關係所轉化。不過，聖公宗神學家福特（David Ford）曾經告訴我們：「在方舟團體之中，你們有很好的靈性，但如果你們沒有好的神學，這靈性便會消失。」因此，我很高興有這個與侯活士對話的機會。我肯定這次對話會幫助我與眾多方舟團體的人，一起增強我們的神學基礎。

在開始時，我想說一些關於知道和不知道的話。我很喜歡約翰福音二章，這一章經文講述到耶穌帶同門徒一起參加一個婚宴。那是一個讓人歡慶和放鬆的美好時刻；也向我們展示，我們應該好好的享受生命，並且我們都蒙召參加筵席。在合一的婚宴中，人們都喝很多酒，並且歡笑與享樂。那是一個共處和友誼的時刻。我想像到耶穌參加這個筵席，都是為了樂趣。我不認為祂會看著手錶（祂當時沒有手錶）說：「我必須趕去那裏行一個神蹟，因為他們需要我！」不，耶穌當時正在迦拿享樂。馬利亞看見酒快用完，知道主人家會受到屈辱，於是要求耶穌做一點事。耶穌有些深具人性的地方——在約翰福音中，祂所做的第一件事就是以水變酒，讓新娘的父親不會感到尷尬。

後來，在約翰福音三章發生了另一件事，是我一直都很喜歡的。一位名叫尼哥德慕的猶太領袖來見耶穌，他說到：「我們知道你是由上帝那裏來作師傅的；因為你所行的神蹟，若沒有上帝同在，無人能行。」耶穌以祂謎語般的方式回答，表示我們都必須從上頭生；祂繼續說到，我們不應該為此感到驚奇，因為我們可以聽到風聲——甚至臉上可能感受到微風吹拂——但我們不知道風從哪裏來，或者往哪裏去。而聖靈的事情也是這樣。你也不大知道你從哪裏來，或者往哪裏去。方舟團體也是這樣。我們都不大知道我們往哪裏去。

我一生都滿有恩典，我從來都不大知道自己會去哪裏。我對自己從哪裏來知道一點點，但卻不大肯定自己往哪裏去。我在一九四二年離開在加拿大的家，加入英國海軍，當時我十三歲。天曉得為甚麼我的父親說我能夠這樣做。我加入海軍時甚麼也不知道。一九五〇年，我離開海軍。我不知道為甚麼我會離開，只知道我受到催迫去接受福音。那時，我遇到托瑪斯神父（Father Thomas Philippe），他在法國為那些在生命中尋求路向的年青人建立了一個羣體。托瑪斯神父是個敬虔的人。但我仍然不知道自己往哪裏去。

經過了多年，事情開始變得明朗化。一九六三年，托瑪斯神父成為了一個為殘障人士而設的小機構的牧者。由於我希望留在這位神父身邊，這令我發現到殘障人士遭受到很糟糕的對待。為甚麼不為他們做一點事？但應該做甚麼呢？上帝知道我毫無頭緒。我不是社會工作者。我當時完成了一個哲學的博士學位，讓我對亞里士多德（Aristotle）有點認識，但除此以外，我的知識相當有限！

當時，我能夠在托瑪斯神父所居住的小村莊裏，購置一間小屋；我也遇到兩個嚴重殘障的男士，他們被關在環境十分糟的院舍。我開始與他們一起生活。我當時很天真，我認為自己可以為拉斐爾（Raphael）和菲利普（Philippe）做一點好事。不過，接著卻開始發生其他事情。人們來幫助我。六個月後，有人要求我接管那個由托瑪斯神父擔任牧者的機構。我們由一個十分先知式和細小的羣體，變成一個照顧著三十個殘障人士的機構。但我對於怎樣打理一間機構卻一無所知。

五年後，有人請我到印度，於是我便去到那裏。一年內，在班加羅爾（Bangalore）一個有著印度教徒和穆斯林的方舟團體便開始成立了。我對跨宗教合作一無所知。後來，一個在英國的羣體亦被建立，那當然是一個普世基督教的羣體。不過，我只認識羅馬天主教會。對我來説，普世的意思就是有一位神父每天都舉行彌撒，讓所有聖公會教友和羅馬天主教徒一起參加。我們只是逐漸的明白到普世是甚麼意思。

今天，我們在方舟團體所遇到的挑戰十分不同。政府對睡房、浴室和走廊的大小都有規定。在方舟團體所開辦的二十八間小屋中，有十八間需要重新裝修。在我自己的羣體，大約有六十個殘障人士住在九間住宅之中，另外有六十個殘障人士則與家人同住，並會來到我們的工場工作。這個羣體有大約一百個助理，其中差不多一半都是義工。但政府最近通過一條法例，令到義工要來方舟團體服事，成為一件困難的事情。我們需要與立法者艱苦搏鬥——如果沒有義工，我們的羣體便會面對嚴重的困難，很多年青人也不能因著與我們那些殘障成員之間的友誼而有所得益。

事情終於得到解決，但方舟團體是一個脆弱的實在（reality）。二十年後它還會存在嗎？這裏總會有殘障人士，但還會有人想與他們一起生活，在羣體中跟他們成為弟兄姊妹，並在一個有歸屬感的地方，幫助每個成員、每個人去得到更大的自由嗎？方舟團體也是一個複雜和美麗的實在——一個具轉化力的地方。人們來到又離開——甚至殘障人士也會離開。有些人會結婚。回顧方舟團體的故事，讓我們可以看到很多人都得到轉化。

我想到雅尼娜（Janine），她在四十歲時來到方舟團體，她的一隻手和一條腿都癱瘓了。她患有癲癇症（譯按：又名腦癇症），在理解和學習方面都有困難。她心裏有很多憤怒。她不想來方舟團體；她想和姊妹在一起，但她也很妒忌她們，因為她們有很多孩子，但她卻不能有任何孩子。被安置在方舟團體是她最不想看到的事情。她需要表達她的憤怒，於是她摔破東西、呼喊和叫嚷。我們花了很多時間思考，嘗試明白她的憤怒從何而來。她對自己的身體、對她的姊妹、對上帝都感到憤怒，她也因為不想在我們的工場工作而感到憤怒。但漸漸地，漸漸地，她發現自己是誰，也發現有人聆聽她、了解她並愛她。

雅尼娜以前一向都很喜歡那些法國的巴黎舊歌，這些歌卻已被現在大部分人所遺忘。她喜歡唱那些歌，也發現自己可以隨之而起舞，而且其他人也懂得欣賞她的歌舞。後來她發現一些特別的事情：她是上帝所愛的。她要求接受洗禮，也明白到我們需要她為我們禱告，並且為我們這個破碎的世界禱告。她生命中的最後三年是十分美好的。我有時會坐在她的牀邊；她看見我疲倦時，便會將手放在我的頭上說：「可憐的老頭。」

要確定雅尼娜的轉化是怎樣發生或在何時發生，這並不是一件容易的事，但不知怎地這轉化確實發生了，方舟團體中有很多人都同樣的得到轉化。轉化跟那堵將我們和別人分隔、並將我們跟最深的自我分隔的牆開始消失有關。在我們所有脆弱的人中間，都有因孤單和上帝的缺席而被築起來的牆，也有因恐懼而被築起的牆——這些恐懼會變成抑鬱，或者會變成要證明我們與眾不同的強迫症。

很多來到我們這裏的助理也得著轉化。一名少女在十七歲時來到方舟團體，那時她好像一隻受傷的小麻雀。她的父母離了婚，她對學校感到厭倦，因為學校迫她學習一些她不想學習的東西。她從姨母口中得知關於方舟團體的事，於是來到這裏。殘障的人愛她和信任她，令她得到醫治。她也開始信任自己和愛自己。後來，她負責一個有十個嚴重殘障人士的家。她在五年後離開我們，那時，她已成為了一個成熟的女士，並前往祕魯（Peru）服事街童。

是甚麼令這些轉化成為可能？當耶穌說我們要從聖靈而生時，我們不知道聖靈從哪裏來或者往哪裏去——我們不知道是有原因的。轉化給予我們膽量，讓我們沿著不知的路前進。同時，我們也不是完全的不知道。當中一定會有一些參照點，特別是在今天，在我們參與著複雜的跨宗教對話的這個時候。例如，我們在科威特（Kuwait）所遇到的一羣人，他們想在自己的國家建立一個羣體。這羣人是由一個穆斯林婦女所帶領的，她在敍利亞（Syria）的方舟團體生活過一段時間。在我們的幫助下，這羣人花了三年時間思考，若要在科威特建立一個方舟團體，他們需要甚麼條件。要成為一個方舟團體，他們便需要肯定：「我們是穆斯林羣體，但我們也歡迎來自其他宗教的人。」正如我在法國的羣體，我們也歡迎好些穆斯林，因此科威特的這個小組也渴望成為跨宗教的羣體。在方舟團體中，我們經常在跨宗教的合作下工作，而今天我們要面對很多新的現實。

對於方舟團體會怎樣繼續下去，總有著一些不確定的地方。但在過去多年來，我們已學懂培養一份信念，就是相信上帝正在保護著我們。我在閱讀斯平克（Kathryn Spink）所寫那本關於方舟團體的書《奇迹、故事與信息》（*The Miracle, the Story, and the Message*）時，我看到我們是多麼經常的得不到諒解，有時更加被拒絕。例如，羅馬教廷不想與我們合作，因為我們不全是羅馬天主教徒。他們問我們：「你是天主教徒嗎？」我說：「是的，我是天主教徒。但方舟團體的成員並非全都是天主教徒。天主教徒和基督新教徒、印度教徒和穆斯林、殘障人士和助理——他們全都是我們的兄弟姊妹。」這時，當局就與我們中止對話，雖然後來這關係得以被重新建立。

因此，生活並非總是容易的。但我們仍然繼續下去。我們十分需要彼此聆聽，一起禱告，聆聽實在，也要聆聽上帝。我們在歷史的某個時期，在其中很多來到羣體服事和生活的人，也不大知道自己為甚麼會在這裏。很多人都沒有很深的基督教信仰。因此，你會看到方舟團體有著很多錯綜複雜的事情。「良好」的宗教人士不會經常來到我們這裏；我們卻得到一些人，他們不大知道成為一個「良好」的宗教人士是甚麼意思，他們只會發現，成為基督徒就是培養憐憫之心。

留意著那鴻溝

在方舟團體之中，我們在尋找著我們的路。我們嘗試著理解。我們沒有一切事情的答案。不過，重要的是要記著和講述關於這一切怎樣開始的故事。而這故事是始於那不公義和痛苦的巨大鴻溝。這鴻溝是在所謂「正常」的世界，與那些被擠到一旁的人、被放進療養院的人、那些因其軟弱和脆弱而被我們的社會所排斥的人，甚至在出生前已經被殺害的人之間的鴻溝。這鴻溝也是一個邀約的地方，在那裏我們呼召人們作出回應。

我們需要回到福音的異象中。當我思想福音的異象時，我便發覺它是難以置信的。它是一個應許：我們人類可以聚首一堂。那是合一、和平與接納的異象。它是一個應許：在人與人之間和羣體與羣體之間的牆壁會倒下，而這並不是以武力來實現的。它會透過內心的改變——透過轉化——來實現。它會從我們社會階級的底層開始。耶穌沒有花很多時間在以色列的富裕城市（例如：提庇里亞）；祂卻花時間與妓女一起，這些人被稱為「罪人」，他們被排除在聖殿以外。祂花時間跟他們建立關係。這就是耶穌所做的事。祂的異象是要將上帝那些分散在全世界的孩子聚集起來。上帝不能忍受恐懼和分歧所築起的種種圍牆。耶穌的異象向我們展示出，分歧會因著對話及聚集在一起而得到醫治。

在好撒瑪利亞人的比喻中，耶穌告訴我們，那個撒瑪利亞人知道自己應該做甚麼。他從路旁扶起那個受傷的猶太人並照顧他。他將那個猶太人放到自己的驢子上，帶他到客棧，並陪伴他過了一個晚上。他們談話，發覺大家是人類大家庭中的兄弟。這兩個人相遇，並花時間在一起。他們兩人都得到轉化，彼此的偏見也得以消除。

在所有的福音書中都存在著一個對比：在那些能夠很好地融入社會、但太忙碌的人，與那些被社會排擠、但有太多時間的人之間的對比。在婚宴的比喻中（太二十二章；路十四章），有些人太投入於短期的計劃——將女兒嫁出或買地。他們沒有時間參加愛的筵席。因此，那王或家主便吩咐僕人，到大路和小路之上，將所有被排擠的人都帶來，當中包括窮人、殘障的人和瞎眼的人。將他們都帶來。而他們都趕著來參加這個愛的筵席。

保羅在哥林多前書一章說到，上帝揀選那些軟弱、愚拙和瘋狂的人，藉以令那些聰明和有能力的人感到羞愧；祂揀選那些最受鄙視的人，以及那些處於社會底層的人。透過這教導，我們看見其中所揭示出來的一個異象，就是階級的金字塔變成為一個身體，並由底層開始這個轉變。我們可能會問：這是否表示耶穌愛那些軟弱的人多於那些強壯的人？不，並非這樣。殘障人士的奧祕是，他們渴望真誠和愛的關係多於渴望權力。他們並不著迷於要好好地處身於一個能夠給予他們歡呼和晉升機會的羣體中。他們呼求最重要的事情：就是愛。上帝聽到他們的呼求，因為他們以某種方式回應上帝的呼求，就是獻出愛。

那是我第一次進入療養院的經驗。殘障人士的呼求十分簡單，就是：你愛我嗎？這就是他們的請求。這也喚醒了我內心深處的某些東西，因為這也是我根本的呼求。我知道我可以成功。我在海軍中有出色的表現。我有哲學的博士學位。我知道我可以向上爬，但我不知道自己是否真正的被愛。如果我病了，有誰會在我的身邊？我知道我需要別人的欣賞。我知道我同時需要得到接納和賞識。但在我的內心深處，我不知道有沒有人真的愛我，關心我這個人，而不單是關注我的成就。

我在十三歲時已離開父母。我知道他們愛我，但我完全不感到蒙召與家人在一起。我開始探訪殘障人士，聽到他們對關係的根本性呼喊時，我裏面有些東西被喚醒了；我清楚的看到，耶穌無拘無束地與渴求愛的人在一起。我開始明白到，這些人可以幫助我在愛的智慧中成長。他們會幫助我在與耶穌的關係中成長。別人會否以為我是瘋狂的，根本毫不重要。

我們在印度開展羣體時遇到很多問題。跨宗教的對話或者一起生活，從來都不是容易的事情。我們尋找自己的路。我們有一間小聖堂，我們在中央放置了一個小小的十字架。後來莫霍拉賈（Mohanraj）來到我們這裏，他帶來一幅甘尼許（Ganesh）的大畫像。甘尼許是印度教中一個有著大象形象的神靈。我們這些基督徒卻較為習慣於鴿子多於大象。不過，大象是強壯的，可以移除障礙物和除去堵塞之處。我們應該怎樣對待莫霍拉賈和他的甘尼許畫像？莫霍拉賈總是在這幅畫像面前祈禱。但我們已經可以聽到當有基督徒來訪時，他們可能會說的各種話。我們不知道應該怎樣做。我們需要時間找出適當的平衡。最終，莫霍拉賈的家人帶了他回去。我們也不再保留神靈甘尼許的這幅畫像。

有很多關於智障人士的事情是我不明白的，我也不懂得怎樣與他們每一個好好的溝通。但在過去多年，我漸漸從他們身上學懂很多東西，也學懂很多關於他們的東西——那主要是這些人的內心有著一種對上帝的開放性。他們對於跟上帝親密的那份渴望，能夠在個人的、私人的層面上，讓別人感受得到。我不知道那是否只存在於我那個在法國中的羣體的文化，但我從未聽過殘障的人談及「基督」或「主」。他們只談及「耶穌」，使用祂那小小的名字。我們也談及祂的母親馬利亞。在我們的羣體中，談及這些名字時的那種親密，常常令我深受感動。殘障的人明白在這些名字當中有著一份聖潔。

在過去的四十二年，我們當中有很多人離世，我們也花了很多時間記念死亡。對我們的羣體而言，這是十分基本的。記念死亡就是聚集在一起，談論亡者——例如談論最近離世的雅尼娜。我們聚集在一起，談論她是多麼的漂亮，她帶給我們的是如何的多。她的姊妹們來我們這裏，我們又哭又笑。我們哭泣，因為她已經離開；但我們也歡笑，因為她做了很多美好的事情。

我記得一個名叫弗朗索瓦（Francois）的助理在離世時的情況。需要用步行器走路的洛伊斯（Jean Louis）和患有大腦性麻痺的菲利普，一起來到安放著弗朗索瓦遺體的地方。他們對積琪蓮（Jacqueline）說：「我們可以與弗朗索瓦打個招呼嗎？」她說：「當然可以。」於是他們上前來看弗朗索瓦。接著，他們說：「我們可以吻他嗎？」她說：「當然可以。」他們恭敬地彎腰。其中一人呼喊說：「噢……，他很冷！」當他們一拐一拐地離開時，其中一個對另一個說：「如果媽媽知道我親吻一個死人，她會很驚訝。」

當我們接受死亡時，我們便開始開放自己，並接納自己的殘障。親吻和觸摸死去的人，與接納我們自己的死亡有關，因此記念死亡對我們來說便十分重要。洛伊斯和菲利普教導我有關接納死亡的事情。

我們羣體內的人的那種單純，以及他們與上帝的親密關係，也幫助我們明白到，在聖餐禮（Eucharist）中領受聖體（holy Communion；編按：或譯「領聖餐」）時，我們不應該有著任何的意識型態。有時我們會聽到父母說：「我想我的孩子領受聖體。」但那孩子想這樣做嗎？這是問題的所在。我們永遠都不應該有強制領受聖體的思想和意識，而應該讓人們自由地渴望領受聖體。在我們的羣體中，領聖體不單是接受一塊已被祝聖的餅；而是滿足殘障人士心裏對團契那份深深的渴望。他們蒙召成為聖徒，與別人成為團契的人。

學習看見神聖

我們羣體中有很多神聖的人，但如果人們不確信生命的意義在於成聖和常常禱告，那麼他們便不能經常輕易地看到這點。每次當我要離開團體時，柏斯卡（Pascal）都會走過來對我示意說：「我會為你禱告。」我相信他的禱告。我相信我們可以請求殘障人士幫助我們。

積琪蓮在多年前與我一起建立方舟團體，而現在她患上了帕金遜症（Parkinson's disease）。我們不能把她留在團體中，所以將她送到老人院。我盡可能多探望她。但真正令她充滿朝氣的是，當我對她說：「我需要你獻上你的生活，作為為我們的禱告。」當我們變得更虛弱和更貧窮時，我們所要面對的挑戰是，相信窮人的呼喊真的就是向上帝的呼喊。上帝聆聽窮人的呼喊。

教會真的相信殘障人士的聖潔嗎？有些人相信教會應該為窮人做好事。但我們相信他們的聖潔嗎？當有人告訴我「你在做好事」時，我會感到難過。我對做好事並不感興趣，我只對給羣體一個的教會論式視象，以及與殘障人士在以福音為本的羣體中一起生活感到興趣。我們是結合在一起的弟兄姊妹，而且是耶穌呼召我們從金字塔式的社會中走出來，成為一個身體。

對於方舟團體十分重要的一段經文是路加福音十四章12至14節，在那裏耶穌說：「你擺設午飯或晚飯，不要請你的朋友、弟兄、親屬，和富足的鄰舍。不要請你通常和他們聚在一起、互相吹捧的人。」（譯按：經文乃根據英文原書翻譯）而當人們舉行派對時，通常都會這樣做。他們都是邀請自己的親屬。一個人說：「你真了不起。」另一個人說：「不，你才了不起！上次你給我上好的酒。下次我也會給你上好的酒。」這是亞里士多德對友誼的看法——平等的人之間互相分享。但耶穌說：「不，你擺設筵席——一頓真正上好的飯餐，倒要邀請那些貧窮的、殘廢的、瘸腿的、瞎眼的。邀請那些被排擠的人，你就有福了！」（譯按：經文乃根據英文原書翻譯）你會得到天國的錢財作為回報。如果你跟被排擠的人成為朋友，你就是從事著合一的工作。你就是將人們連結起來。你就是在做上帝的工作。

亞里士多德說過，若要成為某人的朋友，你們便應該同吃一包鹽。食物和愛之間有著緊密的聯繫。作為人類，我們的第一餐是在母親的乳房進食。那時，我們被愛與安全感所充滿，也被營養所充滿。我見過其中一本最糟的書，是一本說明如何教導殘障人士在進食時守規矩的手冊。書中的每一頁都是關於如何正確地進食。我讀這本書時說：「他們都會便祕或腹瀉！」

餐桌應該是一個可以讓人歡笑的地方，即使有人將一塊食物吐在你的臉上！那都是遊戲的一部分。我不是說我們不應該教導人們應有的禮儀。那是另一回事。但令餐桌成為教育的場所則是瘋狂的事。如果人們感到緊張，便有可能便祕或腹瀉。當耶穌說「邀請他們來到你的桌前」之時，祂是談及帶領人們一起進入友誼之中。而耶穌知道這並非總是令人舒適的——人們批評祂，因為祂與罪人和妓女一同吃飯；祂成為了他們的朋友。

成員身分的奧祕

另一段對方舟團體十分重要的經文是哥林多前書十二章，這段經文對我來說仍然是一個謎。它是關於基督的身體：教會。保羅說，身體中最軟弱和最不體面的部分，乃是身體最必須的部分，並且應該受到尊重。在社會的身體中，最軟弱和最不體面的部分，卻往往被我們隱藏在療養院中，或者成為我們所試圖除掉的那部分。今天有一個運動，要透過很正面的工作，令有學習困難的人重新融入社會；但我們必定不能忘記那些仍然不能工作的人、那些有精神錯亂行為的人、那些反社會的人，以及那些得不到接納和融合的人。

今天，當殘障人士能夠自立、獨自生活、看電視和喝啤酒時，有些人便將他們理想化。自立在某程度上可以是好的，但在我們的羣體中，好些想獨自生活的人卻落入孤單和酗酒之中。問題並不在於他們獨自生活，而是在於他們缺乏朋友的網絡。這總是回到歸屬的問題上。我們需要更完整地認識到，教會是一個憐憫和豐富的地方，也是一個歡迎和友誼的地方。我們需要時間去聆聽和明白那些有溝通困難的人。要成為殘障人士的朋友，是需要時間的。

在開始方舟團體前，我是頗為嚴肅的。我禱告，研究哲學，教書。當我開始與殘障人士一起生活後，我卻學習玩耍和歡慶生命。在創造羣體之中，有三種活動是絕對必須的。第一種是圍著同一張桌子一起進食，第二種是一起禱告，第三種是一起歡慶。所謂的歡慶，我指的是一起歡笑、玩耍、玩樂，並為生命而感恩。當我們一起捧腹大笑時，大家都是一樣的。我們都只是在捧腹大笑。在我們當中，有些人真的十分瘋狂和有趣。他們有趣，是因為他們瘋狂；他們瘋狂，是因為他們有趣。跟他們在一起，實在好得無比。

在方舟團體中，我們把握每個機會來歡慶。我們慶祝生日。我們慶祝聖誕。當有人感到蒙召要長期委身於方舟團體時，我們會舉行盛大的慶祝活動。我們慶祝方舟團體的十週年、二十週年和三十週年紀念。我們真的花上很多時間慶祝。當我們慶祝時，我們不單送禮物，我們也對彼此說：「你是恩賜/禮物。你是給羣體的恩賜/禮物。」圍著餐桌，我們可以看到禱告、食物和歡慶之間的關係。這是我們立約的地方。我們連結在一起。

在我的羣體中，有大約六十位助理，他們在方舟團體已經超過二十五年。有些已經結了婚，有些仍然單身。當中也有很多孩子。我們知道，我們都是為了大家而留在這裏。於是，我們便有著這些在過去多年來，到此及離去的義工。他們都非常了不起。我們向彼此開放。我們一起歡笑。在我們的羣體中，殘障人士之間有著美好的關係。他們也彼此關心。

這一切都需要時間。對內心充滿著憤怒的雅尼娜來説，她需要多年時間才能變得平靜。我們的生命是脆弱的。在若望保祿二世（John Paul II）離世前一年所寫的一份文件中，他説到：

> 毫無疑問的是，在揭露人類狀況那根本的脆弱時，殘障人士成為了那痛苦的悲劇的表達。在我們這個認同享樂主義，受到短暫和具欺騙性的美麗所迷惑的世界中，殘障人士的困難往往被視為羞恥或挑釁，他們的困難被視為需要盡快消除或解決的擔子。不過，殘障人士卻是那位被釘十字架的聖子那活生生的記號。他們反映了為我們而倒空自己，並且令自己順服至死的「那一位」（the One）的那種神祕的美。他們向我們展示，在一切的外表與現象之上，人類存在的終極基礎是耶穌基督。這事被合理地説出來，讓殘障人士成為人類那榮幸的見證人。他們可以教導每一個人那種拯救我們的愛；他們可以成為新世界的先驅。這個世界不再由武力、暴力和侵略所主導，而是由愛、同心和接納所主導——這個新世界乃是由基督、上帝的兒子的光所轉化，祂就是那位道成肉身，被釘十字架，並為我們復活的基督。[1]

在我們的羣體中，事情可以變得很糟，而訪客來到時會説：「啊，你們這裏是多麼的和睦。」每個人都在微笑。從某方面來説，這裏確實有著和平。但它也是十分脆弱的。那全是恩賜/禮物。這並非完全來自於我們的努力。隨著時間過去，我們學習視我們一起的生命為恩賜/禮物，並接受這恩賜/禮物；也學習看見這裏的和平，並接受這份和平。不知怎地，在這過程中，我們都得到轉化。

泰澤（Taizé）的兄弟最近在孟加拉（Bangladesh）為殘障人士及他們的家人和朋友安排了一次朝聖之旅。他們有著十分不同的宗教背景。旅程後，他們當中的一個人寫道：

> 這幾天，這個為殘障人士而舉行的、跨宗教的信任的朝聖之旅，是一個讓我們團結，並進行大量探索的場合，有很多人的內心也受到深刻的改變。因著上帝在殘障人士生命中的同在，人發出禱告和歡慶，這令這些團契的日子成為了一個盼望的筵席。我們漸漸發現，那些因為其軟弱和看來沒有價值而被社會排擠的人，實際上卻是上帝的同在。如果我們歡迎他們，他們會逐漸帶領我們脫離競爭的世界，並脫離對做大事的需求，而走向那個內心團契的世界，這種生命是簡單和充滿喜樂的，在其中我們懷著愛去做微小的事情。今天在我們國家中的挑戰，促使我們去表明：我們那些軟弱和脆弱的弟兄姊妹的服事，意味著開展出一條和平與合一的道路；這就是在宗教和文化豐富的多元性中彼此歡迎，一起服事窮人，為

和平的未來作出準備。

我深受伊勒桑（Etty Hillesum）所影響，她於一九四三年在奧斯維辛（Auschwitz）遇害。在與一萬名猶太人一起等候被運走時，她對上帝說：「有一件事對我來說變得愈來愈清晰，那就是：祢不能幫助我們，我們必須幫助祢來幫助我們……我們必須幫助祢，守衛祢在我們裏面的那個居所，直到最後。」[2] 如果我們的心不開放去接納上帝，讓上帝可以與這個世界同在，上帝又怎能進入這個世界？這有點像啟示錄的話，在那裏主說：「我站在門外叩門，若有聽見我聲音就開門的，我要進到他那裏去，我與他，他與我一同坐席。」（啟三 20）我們需要聽到耶穌在門外叩門，然後開門讓祂進來，成為我們的朋友。成為耶穌的朋友，就是成為被排擠的人的朋友。當我們學習成為被排擠的人的朋友時，我們便進入這奇異的關係中——與上帝建立友誼。

第二章
在陌生的地方尋找上帝
為甚麼方舟團體需要教會

侯活士

方舟團體對教會有甚麼話要說？作為一個神學家，我一直留意方舟團體，並從中看到一個奇迹，因此我想從以上的這個問題開始。在回應這個問題時，我所想起的那個畫面，是來自我在美國印第安納州（Indiana）南本德（South Bend）的生活。當時我在百老匯基督教堂區（Broadway Christian Parish）聚會，那是一間聯合循道會的教會（United Methodist church），那裏的居民曾經替史蒂倍克（Studebaker；譯按：美國印第安納州汽車製造商）工作。當史蒂倍克關閉其生產廠房時，那個地區的經濟便走下坡。那個地區更成了人們所說的紅線區（red line district）——即是銀行不會借出貸款的地區。教會人數也減少至只有大約四十人。一位從加州回來的牧師獲委派到這間教會。根據循道會的體制，在安排教會的職位時，他被排到最尾的位置。

約翰（John）是個很好的牧師，他慢慢幫助教會明白到恆常守聖餐的重要性。那足足花了九年時間——如果你可以想像得到的話——但最終我們每個主日都守聖餐。那是在列根（Ronald W. Reagan）擔任總統期間，這時南本德有百分之二十五的人失業。因此，我們決定，作為學習「上帝為我們供應食物是甚麼意思」的一部分，我們會為鄰舍供應食物。在每個主日的崇拜後，我們都舉行社區午餐。我們將教會分為五隊，並為各隊配上令人振奮的名字，例如查理斯．衛斯理（Charles Wesley）和約翰．衛斯理（John Wesley）等。那時，會友已經增加至八十至九十人。其中兩個會友是年長的坎普太太（Mrs. Camp）和她的兒子加里（Gary）。我們從來都不知道當中的因由，只知道加里是智障的。不過，他的活動能力很強，而且他們兩人對我們都是十分重要的。

加里的聽覺有問題，所以在崇拜時他和坎普太太都會坐在前排的長椅中。到了聖餐的時間，加里會慢慢的扶坎普太太起來，走向圍欄。那段十尺的路程需要走兩三分鐘，整間教會的會眾都屏息靜氣，等候加里和坎普太太走完這段路。當他們走到圍欄，其他人便會跟隨其後。不過，我們都由加里和坎普太太帶領。如果他們不在，你可以感受到，會眾會擔心我們那天該不該守聖餐。我們不清楚是否所有人都聚集在一起。

我認為這就是方舟團體今天要對教會說的話：放慢下

來。只是放慢下來。若我們要學習在世上成為忠心的人，那麼方舟團體所體現的那種耐性，就是絕對必須的。方舟團體的憲章這樣聲稱：「方舟團體知道，它不能迎接每一個智障人士。它試圖提供的不是解決的方法，而是希望作為一個記號，顯示出一個社會若要具備完全的人性，它必須建基於它能歡迎那些軟弱和受壓迫的人。」要留意，方舟團體並沒有假裝自己成為解決方法。它是盼望的記號。而盼望當然就是模塑時間的方式。

加里也會負責讀經。那需要花很長的時間。不過，讓教會學習等候較軟弱的肢體，按保羅的意思來看，就是向世界見證著一種在時間中生活的不同方式。我們藉著放慢下來，並以我們的生命表示，世界不會因著急忙的活動而得到拯救。如果時間已經被耶穌所救贖，我們便要花時間聆聽那些最軟弱的肢體，從而學習等候主的救恩。

若干年前，很多人都擔心冷戰（Cold War）會引發一場核子大災難，那時我寫了一篇文章，反對一個假設：「和平」能夠被等同於人類的生存。那些根據這些思路而支持和平的人，似乎也認為所有生命都應該被規劃，以確保核子武器的消失。他們說，我們沒有時間做任何其他的事情了。於是我寫了一篇文章，題目是：〈為和平付出時間：瑣碎事情的倫理意義〉（"Taking Time for Peace: The Ethical Significance of the Trivial"）。在其中，我提出：

> 和平需要時間。更強烈地說，和平以如下的方式

> 創造時間：堅決拒絕以秩序的名義去強迫別人順從。和平不是一個靜止的狀態，而是一種活動，它需要不斷的被注意和關心。在本質上，活動都是在時間中進行的。而事實上，活動卻創造時間，正如我們只有藉著指出我們先做這事，再做這事，諸如此類，直到我們去到某處或實現了某個任務，才能夠描述一段持續的時間。因此，和平就是讓時間成為我們自己的時間的一個過程，其中並不是由「事件」主導——據說，事件是我們所不能控制的。[1]

因此我建議，若你想知道到和平是怎樣的，你便需要了解一位人類學家的工作，他藉著在北卡羅萊納州（North Carolina）建立一個狐猴羣體，從而拯救馬達加斯加（Madagascar）的狐猴，讓牠們免於滅絕。你需要明白，這個人能夠拯救狐猴，是因為大學給他所需的時間。因此，大學不是達致和平的方式，而是和平的其中一種形式——大學是和平，因為它們以非暴力的方式探討我們所需要面對的衝突，藉以發現共同的善。但如果沒有學生，大學就不能成為大學；這表示，我們需要承認，父母願意好好的照顧孩子（他們最終會成為學生），是我們所擁有的其中一種最具決定性的和平的形式。

我相信，在我撰寫〈為和平付出時間〉這篇文章時，我並未聽過范尼雲的名字。但當我最初認識到方舟團體時，我就認為自己已看到和平確實應當是怎樣的。如果我所說的，「和平的政治就是時間的政治」是正確的話，方舟團體肯定就是這樣。因為方舟團體的核心就是耐性，而耐性只是和平的另一個名稱。[2] 無論你在任何層面參與方舟團體，它都要求你要準備好放慢下來。花兩個小時與一位核心成員吃一頓飯，甚至花更長的時間為一個不容易「應付」的身體洗澡，做這些工作的人不應只是感到「還算可以」。方舟團體要求做這種重要工作的人，學習到時間並不是一個零和遊戲。我們有我們所需要的所有時間，讓我們去做必須完成的事。

時間中的一個地方

在時間中忍耐是我們需要向方舟團體學習的第一件事情。但方舟團體也教導我們地方（place）的重要性。范尼雲指出，方舟團體的核心成員都明白的其中一件事，就是好像他這樣的助理並不會離開。說出「我不會離開你。你可以相信我每天都會在這個地方」，這是一件多麼特別的事情。對我來說，若我們要成為那些不會以更大的善為名而遺棄大家的基督徒，地方的穩定性是必須的。作為方舟團體的助理，你不能不斷離去又回來。核心成員都喜歡慣常的事，而慣常的事會製造熟悉感，熟悉感也會製造慣常的事。熟悉感讓地方成為「一個」地方（“a”place）。

但如果沒有對美的歡慶，地方和慣常的事也可以變得沉悶。因此，對方舟團體十分重要的是，要慶祝每個人的生日，在當中承認他們生命中的美麗。承認每個人的美，讓地方和慣常的事都得以被轉化，令信任成為可能，也因而令方舟團體成為可能。因此，在那些支持著方舟團體中長期成員的身分的結構和程序，以及那能夠帶來更和平及公平的世界的程序之間，是有聯繫的。沒有方舟團體和類似方舟團體的羣體，我們便不會知道信任是怎樣的一回事。方舟團體提醒我們，物質性對於適應一個地方是多麼的重要。我們若要在地方中維持彼此的關係，身體已成為其中必不可少的東西。

沃爾芬斯伯格（Wolf Wolfensberger）的「正常化原則」（principle of normalization）就是：所謂殘障的人並不會單單因為他們的殘障而受到不同的對待。當他最初提出這原則時，由於我是一個德薩斯州人（Texan）的關係，我對這個原則有點擔心，因為德薩斯州人都不想被視為正常的人。但後來我明白到，他只是要指出，那重要的是要有自己的衣櫥；那重要的是要有自己的牙刷。沃爾芬斯伯格只是要指出，那重要的是空間如何被模塑。我猜想，對於空間怎樣幫助我們透過我們的身體彼此照顧，我們有很多事情可以向方舟團體學習。方舟團體模塑時間和空間的那種方式是重要的，因為我們都活在一個速度和無地方性（placelessness）的世界。正如一些法國現象學家所提出的，這種速度乃處於我們所寓居的社會秩序那核心之中。速度和無地方性之所以變得那麼重要，與現時對科技的信任，以及流動科技使速度和無地方性成為可能——甚至使之成為必須，都有直接的關係。

當我在聖母院大學（University of Notre Dame）時，我們遇到一場異乎尋常的風雪。南本德很多時都會下雪，因為它位於湖那不適當的一邊——每次當有風吹過麥歇根湖（Lake Michigan），濕氣都會落在南本德。我們都習慣冬天的風雪。但那次，在十二小時內竟下了三十六寸的雪，這簡直令到整個城市都陷於癱瘓。我們甚麼都不能做。在聖母院大學剛成立時，它是由一班非常貧窮的天主教徒所組成的。因此，校園裏的大部分工作都是由學生來負責。但隨著學生變得較為富裕，他們便不想做任何工作，於是大學便逐漸地僱用了很多承辦商。不過，這三十六寸雪是那麼濕和重，工人根本不能用機器將雪移除。於是有人想到，要求學生從宿舍出來清理行人路，這會是一個好主意。他們在學生電台宣佈：「請大家來學生會，幫助我們清理行人路。」但他們忘記了，學生需要鏟子。於是人們開始找鏟子，卻發現整個聖母院大學校園只有五把雪鏟。我們長期以來都使用機器鏟雪，不能回到以前的做法。

我記得當時我在想：**當科技取代羣體後，在你身處危機時，你便沒有能夠讓你倚靠的羣體**。對我來説，這似乎是一個意象，顯示出速度怎樣產生科技，而科技則削弱羣體的生存力。在今天的醫學之中，我們可以看到這情況；醫學的任務不是要照顧病人，而是讓他們得到醫治。若照顧變成醫治，在我們不能治愈病人時，我們便不知道應怎樣對待他們。如果人們患了似乎不能康復的疾病，我們會怎樣對待他們？那就是我們被速度主導了。

速度也與政治有關——特別是與戰爭有關。根據維里利奧（Paul Virilio）所言，暴力在現代性（modernity）中的主要形式就是速度。他指出，當代的戰爭乃是由集體通訊的機制所模塑的，這令到戰爭較少關乎於領土，而更多關乎於資訊管理。結果，我們的觀念乃由暴力的邏輯所促成——速度創造出一種對世界的新看法，在其中，每個人都「自然地」將自己理解為戰爭機器（war machine）的一部分。本土的空間和時間消失了，由單一的、全球的、虛擬的「實時」（real time）所取代。根據維里利奧所言，這就是「防衛主義（doctrine of security）的基礎：時間和空間神速度填滿，令日常生活成了戰爭的區域，以及戰略遠見那最終的場景。」[3]

正如我們嘗試醫治所有的疾病，我們也利用戰爭令自己以為世界是可以變得安全的。因此，戰爭成為爭取和平的方式，但卻顯然地產生更多的戰爭。我們生活於其中的所謂民主，乃根據速度而運作；這種民主令那些科技——設計來讓我們成為那種不需要任何其他人的人——成了必需品。我覺得民主想製造一些不需要倚靠互相信任的人。

我喜歡蘇格蘭的馬爾島（Isle of Mull），首先因為那裏很漂亮。但我也喜歡馬爾島的道路。它們全都是單線行駛的，每隔大約五百碼便有一個避車處。在那些路上的司機都不斷的在協商；當你看到一部車駛過來，你便需要判斷誰會先讓路。在馬爾島上駕駛，不斷需要協作式的信任。我認為這為整個社區帶來重大的影響。如果你在馬爾島逗留一段時間，你便會發現人們都互相認識。他們都知道彼此的長處和弱點。我們今天就是嘗試這樣計劃我們的生命——所根據的就是這種協作式的關係。

已變壞的人本主義

方舟團體所代表的那種對時間和地方的理解，是對現代性的速度和無地方性的一種挑戰；這種理解也幫助我們明白到我們的教會今天所面對的部分困難。在這個我們以為已被我們基督教化的社會之中，基督徒已失去了原有的權力和地位；此後，現在我們卻發現自己在人類歷史中，往往站在「進步」力量那錯誤的一邊。作為回應，很多基督徒都希望認同於那由速度和無地方性所產生的所謂人本主義（humanism）。因此，教會發覺自己不斷在說：「對，我們也支持這個！對，我們認為這些發展是很好的。」誰可以反對愈來愈多認識基因組（genome），以幫助我們在患病前已經變得健康？教會受到很大的試探而要說出：「喂，我們也站在歷史進步的那一邊！」

當然，若你說方舟團體明白到它不能歡迎所有智障的人，而它所試圖提供的並不是解決方法，而是要成為一個記號；在建基於速度和無地方性的世界之中，這聽起來不像是個好消息。若這樣的話，問題便會變成：「啊，這是否表示你反對那些醫治癌症的嘗試？」畢竟，我們假設了，「進步」的意思就是要排除那些威脅要殺死我們，或至少拖慢我們的東西。然而，你可以治愈癌症而又不消滅病人，但你卻不能「治愈」智障人士而又不消滅病人。方舟團體提醒我們，「進步」不應該表示消除威脅著我們的一切。畢竟，即使你的癌症能夠痊愈，你也會因為其他疾病而死去。方舟團體勇於面對死亡，並藉此轉化我們對「進步」的理解。

現代性令我們陷入一些有趣的矛盾之中。例如，在美國，我們現在將國民生產總值的百分之十五至十七花在危疾護理的醫藥上，而這當然與人們的健康沒有關係。如果我們關心人們的健康，那最需要關注的是窗戶、污水處理系統和良好的營養。危疾護理的醫藥不會令我們生存下去。它可能令一些人多活六個月或一年，但卻不一定能改善人們的健康。不過，我們卻將國民生產總值的百分之十六，花在危疾護理的醫藥上。而當中的百分之六十用在還有不足一年便去世的人身上。有趣的是，這種醫學必然地假定：如果我們做得到，我們便需要做。我們表達我們愛媽媽的方法，是確保她得到所有可能的治療，而這些治療最終卻可能會成為另一種折磨的方式。

這與一個假設有關：如果診斷出胎兒是智障的話，人便不應該讓他們出生，而進行墮胎就是那個恰當的回應。我認為這個假設是建基於我們對憐憫的理解；那是瘋了的人本主義。當我們說「人性」（humanity）時，我們需要十分小心我們所表達的是甚麼意思。基督教的人本主義乃是由聖父對聖子的差遣——成為我們的一分子——來界定的。因此，人本主義必須永遠始於耶穌的人性。若不是這樣，在一個速度和無地方性的世界之中，憐憫便成了宣稱某些人死去會更好的一種方式。

當我活躍於智障公民聯會（Association of Retarded Citizens）時，我經常前往印第安納州的南本德基本護理院（Cardinal Nursing Home），當時我看見日間活動室有五十個人。他們的衣服都被脱去，而且常常都坐在自己的糞便上。我恐怕那個地方是設計來使訪客作出一種回應：「這些人死去會更好。」如果你將這些人安置在住宅中，並安排人照顧他們，你卻可能想在那裏吃一頓飯。在一個看來像是必然的環境中，憐憫可以變為瘋狂的。若教會以人本主義和憐憫為名，而認同這個速度和無地方性的世界；對我來説，我們就會活在這樣的一個世界裏：在其中方舟團體不得不被視為一種反動的生活方式。不過，這也意味著，方舟團體是一個先知式的記號，顯示出若我們要避開這個速度和無地方性的世界的話，我們便需要明白甚麼。

沿著這些路線，教會可能受到試探，而去支持一種將大公性（catholic）的意義與作為「共同人性」（common humanity）的一部分意義混淆起來的普遍主義（universalism）。在我們未有**全球**（global）這個詞語之前，基督徒有另一個詞語：**大公性**。這個詞語表示，透過主教的職務，真正的人與其他真正的人聯繫起來。我們所共同擁有的，不是一個觀念，而是一些故事。我不能好好的講述我的故事，除非我也聆聽你的故事。主教的職務就是要確保，教會在保持他們的地方性中，不會變得孤立於其他教會的地方性故事。在我們的獨特性中，我們可能會弄錯一些事情，所以我們需要不斷的受到試驗。而這需要時間。不過，這就是基督徒的大公性所代表的意思。這與那種體現在速度和無地方性中的，並表現為高等人本主義的普遍主義頗為不同。

一個溫和的建議

方舟團體就是在教會的核心之中的實在（reality），因為在一個存在著最嚴重的不公義的世界，方舟團體提醒我們，我們擁有所需要的所有時間去彼此照顧。人們正死於飢餓，而你則坐下來閱讀一本書。（而我則很可能正坐下來，撰寫著另一本書。）我們有時間這樣做，不是因為我們選擇不理會窮人，而是因為我們相信，在給予窮人食物這事上，我們有忠心和不忠心的做法，而我們值得花時間去指出其中的分別。我相信方舟團體是一個被上帝使用的地方，讓基督徒在這個沒有解決辦法的世界中，仍然可以學習去盼望。正如我們在德薩斯州（Texas）時說到，這是「很艱難的學習」。

我經常指出，基督徒蒙召去接受非暴力，不是因為我們相信非暴力是消除這個戰爭的世界的一種策略——雖然我們確實想消除這個戰爭的世界。更確切的說法是，在這個充滿戰爭的世界中，作為基督忠心的追隨者，我們不能想像非暴力以外還有其他選擇。當然，我們想令戰爭發生的可能性減低。不過，非暴力是一個盼望的記號，表明除了戰爭以外還有一個別的選擇。而那個選擇被稱為教會。

我的辦公室的門上掛著一個門諾會中央委員會（Mennonite Central Committee）的告示，上面有兩個痛苦的人互相擁抱。圖畫下面有一句口號：「為和平提出一個溫和的建議：讓世上的基督徒決意不互相殺害。」總有人敲我的門說：「那令我很憤怒。」我說：「真的嗎？為甚麼？」他們說：「基督徒不應該殺任何人。」我說：「他們稱這為溫和的建議。你必須要從某處開始。」

方舟團體是一個溫和的建議。你必須要從某處開始。而且，我們必須記得，若我對非暴力的論述是正確的話，這論述很可能令這個世界變得更暴戾。畢竟，這個世界不想把那稱為「秩序」的謊言，與和平被混淆起來。因此，基督徒委身於非暴力，便會特別容易帶來衝突。方舟團體的溫柔還沒有產生重要的敵人。我們要留意這情況可以維持多久，這會是一件相當有趣的事。我們會看到它可以產生一些怎樣的敵人。

在這個決意要治愈那些不能被治愈的人的世界中，基督徒應該拒絕做任何事情，除了與那些耶穌教導我們要去愛的人走在一起，也就是那些我們藉著單單的同在來「幫助」的人。以前的礦工通常都會帶同金絲雀進入礦坑，因為金絲雀比人更快死於沼氣。由於沼氣沒有氣味，礦工只有在看見金絲雀倒下時才知道要逃出礦坑。我認為方舟團體可以成為教會的金絲雀。藉著觀察方舟團體，我們便知道自己在甚麼時候，要面對著若望保祿二世所說的「死亡的文化」。因此，我認為方舟團體迫使我們成為忠心的人。若我們必須說「我們就是那些人！」，那麼，事實上，我們就是在迫使自己成為忠心的人。我們很少可以用意志令自己成為忠心的人。要成為忠心的人，通常我們都必須要發現自己並不能逃避。

這就是我認為方舟團體要對教會說的話。它提供一種不同的時間，一種不同的耐性，以及一種不同的地方性，這一切都是源自於忠心，而且產生出一種對大公性的不同理解。方舟團體就是這樣幫助教會找到福音。

不過，方舟團體也需要教會。它的憲章這樣規定：「每個羣體都與恰當的官方機構保持聯繫。它的成員都融入於地方教會和其他崇拜場所。」方舟團體不是教會。由於方舟團體是那麼的吸引，而且在這個只有少數範例能展示甚麼是值得做的事情的世界中，它卻給予我們一些值得做的事情；因此方舟團體幾乎是令人懾服的。由於成員的生命是那麼的投入其中，以致他們可能以為，他們不需要與方舟團體以外的基督徒一起敬拜上帝。

方舟團體跟某種早期的修道院的生活方式十分相似。它有著十分強的修道院基礎。當然，修道主義常常都是教會改革的源頭。它也得不到教會信任，因為在修道院中充滿著很多要改革教會的人。這就是像方舟團體這樣的恩賜/禮物所產生的那種張力。

我十分欣賞若望保祿二世，但我卻不喜歡他所說的一句話：「家庭是本地教會。」我想到：**這是多麼的可怕。我們可以維繫家庭，那惟一可能的原因是，家庭不是教會**。家庭所製造的忠誠，比我們對教會的忠誠更具決定性；就此而言，家庭對教會是一種威脅。同樣，我認為方舟團體需要更大的教會，正是因為就這方面而言，它可能變得過分重要。

方舟團體需要更大的教會，因為它的成員需要離開方舟團體，到其他地方敬拜上帝——在另一個地方，帶著所有可能需要的時間及麻煩。這不單是為了方舟團體裏面的人，也是為了教會。方舟團體必須與其他基督徒的生活方式保持聯繫，以讓方舟團體成為可能。方舟團體的身體，必須常常透過與世界的其他羣體相互聯繫，從而融入基督那更大的身體中。

第三章

耶穌的異象

在受傷的世界中和平地生活

范尼雲

近年，我一直都關注戰爭與和平。我為到那分隔有權力和無權力的人的圍牆而感到困擾。我們正處於危險的時刻，戰爭可能爆發，令很多人失去生命。這令我不禁問道：「在這個受傷的世界中，我們的羣體有甚麼角色？」這個問題令我想到殘障人士的呼喊。我從來都不想建立一個「機構」。我仍然不想這樣做，我希望方舟團體永遠不會被化約為只是一個機構。我只想與幾個人一起生活，幫助他們認識到哪裏有自由，以及自由是甚麼意思。我想幫助他們體驗到一起生活的喜樂。在與殘障人士一起生活的過程中，我學懂聆聽他們的呼喊。我想接受其中所包含的一切含義，並與地方當局合作。

在福音書中，我們看到拉撒路和財主的故事。當我講述拉撒路和財主的故事時，人們會感到有點不協調。幾年前，我有幸向那些在布基納法索（Burkina Faso）的乞丐和流浪漢說話，我們在那個地區有一個羣體。我被邀請前往一個乞丐聚集的小型飛機庫，我對自己說：「天呀，我可以對這些人說甚麼？」顯然地，我需要向他們講述拉撒路的故事。他們大部分都是穆斯林，有些是基督徒，其餘的則信奉非洲宗教。當你說拉撒路在亞伯拉罕的懷裏，穆斯林會明白。於是我對他們說：「你們這些人就是拉撒路！」他們十分高興。他們開始拍手。他們感到興奮。我在巴黎那些富有的教區講述這個比喻時，人們並沒有這麼興奮！這不禁令人感到疑惑，究竟我們站在哪一邊？

我記得一次在智利，從機場坐車沿著一條路前行。司機告訴我：「在這裏，右邊是富裕的房子，而左邊則是貧民區。沒有人在這條路上走過。」我們都活在受傷極深的世界。我不想給大家一個印象，令你們以為這裏有好人和壞人，而我們可以作出道德判斷。我們都知道，在貧民區有非常可愛的男人和女人，非常可愛的母親和父親，他們都努力地對抗吸毒的文化。同樣，在路的另一邊那個富裕的地區，也有非常可愛的人。這不是好人與壞人對立這麼簡單。那條路好像一堵牆。在我們每個人裏面也有一堵牆。

恐懼的圍牆

我想稍稍談論一下這些將人類分隔的圍牆。我想由創世記三章當中一個小小的詞語開始。亞當剛剛脫離了上帝。正如在我們躲避上帝時，總會出現的那情況一樣——不久，上帝便追趕我們。上帝說：「亞當，你在哪裏？」亞當回答說：「我就害怕；因為我赤身露體，我便躲藏了。」

三個詞語：害怕、赤身露體、躲藏。我們害怕甚麼？不久前，我們的羣體有一個聚會，我們在那裏談及恐懼。每個人都要以某種方式來談及他們那些根本性的恐懼。他們最害怕甚麼？不同的詞語出現：**拒絕、遺棄、不成功、失敗、衰退、死亡**。當你看到所有這些恐懼時，你會看到其中的共通點：總是害怕被壓下，或者害怕被視為沒有價值或不存在。一旦我們指出我們內心深處的那種恐懼，我們便可以開始辨別出那些保護我們不被壓下的強迫心理（compulsion）。我們開始明白到，為甚麼我們對那令我們得到榮耀的名聲那麼著迷，或者對取得某個讓我們被視為有價值的地位那麼著迷。

我一位朋友是克里夫蘭（Cleveland）一間監獄的牧者。其中一個囚犯上前問他：「你喜歡講道嗎？」

我的朋友說：「是的，我確實享受講道。」

這個囚犯問：「你講道講得好嗎？」

我的朋友回答說：「我相信我講得好。」

那囚犯繼續說：「嗯，我是克里夫蘭中最好的汽車竊賊。而且我喜歡這樣做！」他找到他那強迫的心理。他是最好的。成為最好——這不是我們都希望得到的東西嗎？重要的是，我們也要知道我們懼怕甚麼，並識別出我們那些強迫的心理。

在每個地方都存在著那些將害怕殘障的人和殘障人士分隔著的圍牆。這兩種人沒有會面。我的一位朋友曾經服事那些在娼妓世界中的人。他對我說：「如果你敢於聆聽他們的故事，你便會被改變。」另一個在澳洲方舟團體的人，也服事著那些在娼妓世界中的人，她已經與一個年青人同行了一段時間。有一天，當她經過悉尼（Sydney）的一個公園，看見那個年青人服食了過量的藥物，快要死去。當她跪在那年青人旁邊時，那年青人對她說：「你總是想改變我。你從沒有按我的本相來接納我。」我們能夠按殘障人士的現況來接納他們和愛他們嗎？

當我們想改變別人時，我們便擁有力量。我們有慷慨之心。我們有良善。但當我們想為別人做好事時，我們卻造成分裂。耶穌的異象是異乎尋常的。祂在這個充滿著巨大的憎恨和戰爭的世界中出現。和平是由羅馬的軍隊所強行施加的——那偉大的「羅馬統治下的長期和平」（*Pax Romana*）。但到處都有衝突。我們活在這樣的一個世界：羣體都各自封閉起來，以為自己和自己的傳統是最好的。他們反對別人，他們要不是將他人帶到所謂的真理那裏，就是去佔領更多的土地。這就是歷史的現實。耶穌卻進入這個世界，按著人們的本相來愛他們。

耶穌那異象的核心是要將人們聚集在一起，要進行會面、展開對話、彼此相愛。耶穌想打破那些將不同的人和不同羣體分隔的圍牆。祂會怎樣實現這個目的？祂會對每個人說：「你是重要的。你是寶貴的。」除非我們確信別人是重要的，否則我們不可能進行調解的工作、社會福利的工作或任何改善世界的其他事情。你是寶貴的。**你**——不單是「人們」(people)，而是你。我們蒙召去締造歷史，而不單是去接受歷史。我們蒙召去改變事物——改變歷史的運動，令我們的世界成為一個愛的地方，而不止是一個衝突和競爭的地方。

軟弱作為通往上帝的道路

在方舟團體中生活，讓我學懂，如果你對殘障人士說「你的生命有其意義」，那對他們會是一個啟示。我們不單是以專業人士的身分來為他們做好事。這是重要的，但不單是這樣。我們還需要向他們顯明他們是有價值的。他們有一些話要向我們的社會表達。他們以某種神祕的方式來號召我，也號召我們所有人去作出改變。較早前，我在敍利亞的阿勒頗（Aleppo）演講，對象主要是穆斯林的羣體。那裏有一個穆夫提（mufti；譯按：即伊斯蘭教的宗教領袖），他一直都是敍利亞中偉大的穆夫提。在我演講完後，他站起來說：「如果我的理解是正確的話，殘障人士帶領我們到上帝那裏。」

我們都害怕流露出軟弱。我們害怕不成功。在我們的內心深處，我們害怕得不到承認。因此，我們假裝自己是最好的。我們躲藏在權力後面。我們躲藏在各種東西後面。不過，當我們遇到殘障人士，我們透過眼睛、耳朵和言語，向他們顯明他們是寶貴時，他們便被改變了。但我們也被改變了。我們被引領到上帝那裏。

盧旺達（Rawanda）的種族屠殺發生後不久，我在那裏遇到來自「信心與光明羣體」（Faith and Light communities）的成員。他們來自村莊，我們在布塔雷（Butare）的大教堂有一個很美好的小型退修會。在一個十分感人的時刻，很多有嚴重殘障孩子的母親，在守聖餐時走上前將他們的孩子舉起，作為獻給上帝的禮物。

後來，我們與所有的這些婦女舉行一個聚會。我問她們：「信心與光明帶給你們甚麼？」他們說：「我們不再感到羞恥。」當我們閱讀申命記二十八章時，看到在猶太人的異象中，其核心是相信殘障和疾病乃是由罪所引起的。若你有一個殘障的兒子，這顯示在你和你的家庭裏面，你做了一些違抗上帝、違抗真理、違抗愛的事情。這個異象十分可怕地具有影響力。正因為這樣，在約翰福音九章，門徒看見一個生來瞎眼的人時，他們便立即向耶穌提出這個問題：「這人生來是瞎眼的，是誰犯了罪？是這人呢？是他父母呢？」耶穌回答說：「也不是這人犯了罪，也不是他父母犯了罪，是要在他身上顯出上帝的作為來。」

在我到訪過的一些國家，母親們都倍感痛苦，因為她們的丈夫認為孩子的殘障是她們的錯，因而遺棄她們。在某些地方，若你照顧殘障人士，這就是表示你喜歡那些錯誤的景況。人們說你應該讓殘障人士獨自承受痛苦。對於殘障人士，人們存在著某種奧祕。他們在我們的世界中有甚麼意義？那是咒詛還是祝福？

弗朗索瓦絲（Francoise）在差不多三十年前來到我們的羣體。她不太能夠走路，也不能自行進食。她有嚴重的學習困難。她現在大約七十五歲，愈來愈老，身體也愈來愈弱。她已經失明，住在一個小小的家，那裏有十個嚴重殘障的人。弗朗索瓦絲其實是頗為漂亮的。令我感動的是那些助理怎樣替她洗澡和預備食物。但她卻看不見他們怎樣為她預備食物和餵她吃東西。我問自己：「在這個七十五歲，不能離開睡牀，並不時呼喊的婦女的背後有著甚麼奧祕？」那些助理說：「她是我們的媽媽，我們小小的祖母。」他們以溫情和溫柔來愛她。嚴重殘障人士的這個奧祕究竟有甚麼意義？

我認識一位居住在巴黎的男士。他的太太患了腦退化症。他是一個有地位的商人——一生都十分忙碌。但當太太患病時，他說：「我不能將她送進療養院，於是我照顧她，餵她進食，替她洗澡。」我到巴黎探望他們。這位一生都十分忙碌的商人說：「我已改變了。我變得更有人性。」我最近收到他一封信。他說太太在半夜叫醒他。有一刻她清醒過來，對他說：「親愛的，對於你為我所做的一切，我要多謝你。」然後她又陷入迷濛中。他說：「我不斷地哭。」

這聽起來十分瘋狂。但當有些事情變得完全瘋狂時，這可能就是我們需要走得更深入的時候。這裏存在著一個奧祕，它可能回到「上帝是誰」，以及「上帝在哪裏」這個問題上。在大屠殺（Shoah）時，這成為一個大問題。那時猶太人需要問:「上帝在哪裏?」在所有充滿痛苦的地方,上帝在哪裏?我們不想注視這個混亂的世界,其中充滿著黑手黨、貪污、賣淫和奴役。這個世界充滿著可怕的痛苦,明顯的是,這讓我們十分害怕。我們開始明白拉撒路和財主。財主不想接觸拉撒路,因為如果他這樣做,他便需要改變。就好像那個服事娼妓世界裏的人的男人一樣,他說:「現在我聆聽了他們的故事,我和以前不再一樣了。」

我們靠著自己甚麼也不能作

當我們聽到那些非常痛苦故事,卻明白到自己甚麼也做不到時,我們便觸及自己的脆弱之處。我們聽到痛苦的呼喊,但我們不知道應該怎樣做。我們當中沒有人知道,面對著我們的世界那深刻的破碎性,我們應該怎樣做。或許,明白到這一點,這便可以將我們帶返羣體之中。我們自己甚麼也不能作。我們需要在某個地方,讓我們聚集在一起。

我最近讀到馬丁·路德·金(Martin Luther King)一些十分強烈的話。他那段說話的大意是:「要人們活在一個沒有他們看不起(真正的看不起)的人的景況中,這是多麼的困難啊。這不單是他們感到被人偷取了他們所憎恨的對象。而是他們被迫更仔細地觀看自己,以及那些令自己不悅的內在之物。」明顯地,我們都是光明和黑暗的混合物;我們都觸及過虛偽和謊言之處。我們都感到自己有著想證明自己比別人好的傾向，我們都想向上爬，我們都想得到尊重——即使在方舟團體之中，或者在任何的地方。

不過，當我們與受壓迫的人一起生活時，以及當我們開始歡迎陌生人時，我們便會漸漸發現自己內裏那位陌生人。當我們歡迎外在的那些破碎的人時，他們號召我們去發現自己裏面那個破碎的人。我們不能真正與破碎的人建立關係，除非我們也用某種方法處理自己的破碎性。我不是說我們都要接受心理治療。但我們在隱藏甚麼？或者我們躲藏在甚麼東西後面？我們必須辨識到我們那自然的內在保護性和強迫的態度。在某一處，我們將自己的軟弱隱藏起來。

然而，軟弱也是我們的實在的一個重要部分。我們天生就是軟弱的。我們需要無條件的愛。我們需要媽媽對我們說：「你比我所期望的更漂亮」，或者「你存在是好的；你是獨特的」。我們當中有一位助理報告說，她聽到一個母親對自己的孩子說：「如果可以的話，我早已將你以墮胎這方式除掉。」類似這樣的記憶會深入人們的內心，就像那些受到性侵犯的孩子的情況那樣。這些記憶可以產生根本性的破壞。我們都十分害怕自己的軟弱，因為我的軟弱令別人可以壓碎我。於是，我建立防衛的機制和強迫的心理，藉以保護自己。我們都有防護系統，以阻止人們看到我們是誰。

雖然軟弱可以是美好的，但它也可以是非常危險的。

我能夠明白父母那種極大的痛苦。最近，一位父親要求我去見他的太太。她已經四十歲，懷孕八個月。她正在流淚，也有點歇斯底里——這是她的第一個孩子，而她知道這個孩子是殘障的。我立刻明白到，我不能對她說甚麼。有些時候，你一定不能說好話。我能夠做的是邀請她去探訪另一個母親，這個母親在一年前生了一個孩子，那孩子也有類似的殘障。兩位母親一起哭泣。

今天在法國，人們說未來的幾年內便不會再有唐氏綜合症的孩子，因為他們全都會被墮胎這方式除掉。我在學校，聽到孩子在說：「如果我裏面有隻怪物，我會除掉它。」這現實是存在的。當然，如果母親視孩子為極大的失望，孩子也會感到自己是令人失望的人。孩子面對著這種感覺，並不會好受。在心靈的深處，孩子的自我形象已被破碎。孩子感到：「我是一無是處的。」

方舟團體的核心是向人們說：「我為著你的存在而感到喜悅。」我們因為他們存在而喜悅，對此的證明是我們長時間與他們在一起。我們一起，我們可以一起享樂。「我因為你存在而喜悅」被化為實際的同在。

耶穌怎樣令人們走在一起

我們都活在一個十分痛苦的世界。我們需要問，這一切有甚麼意思？我們在這個痛苦的世界中究竟是誰？最重要的是，怎樣能夠衝破我們那防護的系統？我已經說過，耶穌對怎樣克服我們的分歧，有一個異象——一個非常深刻的異象。我對歷史有點認識，這有助讓我們更清楚的看到這異象。在耶穌的時代，殘障人士——特別是痲瘋病人——完全地受到排斥。猶太人和羅馬人之間有著很牢固的社會界線。世界被分裂成由羅馬人所劃分的各種小羣體，正如羅馬人之前的希臘人所做的那樣。這就是帝國的做法。以前有不列顛帝國，現在有美國帝國，在不久的將來，便會有中國帝國。世界就是這樣。帝國起起落落。它們都想藉著將它們的「和平」強加給世界，從而主宰世界。

道成了肉身，令人們走在一起，打破將人們分隔的那堵恐懼和憎恨之牆。這就是道成肉身的異象——令人們走在一起。在合一的禱告中，耶穌祈求我們能夠合而為一。我們有締造和平這個了不起的異象，我們已一直進行了二千年。可能還要繼續五萬年。我不知道。但基督總是致力於令人們走在一起。正如馬丁．路德．金所說的，我們的危險是：我們傾向將某些人向下推，以令自己可以高升。

我在一位法國經濟學家所寫的一本書中讀到一句有趣的話。他提出一個問題：為甚麼在科技上經過那麼多年的長足進步後，現在仍然有數以百萬計的人沒有清潔的食水？為甚麼他們沒有足夠的食物？為甚麼那些愛滋病患者沒有足夠的醫藥幫助，尤其是那些在非洲的人？面對這種貧窮，我們一直以來似乎甚麼也不能做，除了送出一點金錢。貧窮這幅巨大的牆會繼續存在。這位經濟學家說：「因著我們對死亡的意識，我不認為我們可以消除這可怕的貧窮。」我們需要證明，我們比鄰舍更好。我們需要顯示，我們擁有的比別人更多——更多權力、更多財富、更多美德。一旦，英國和法國的工人的工作待遇，因著公平的工時和工資而或多或少得到改善，其他國家的人便會被引入，去做那些別人不想做的工作。我們總需要有更貧窮的人，為的只是要顯示我較為富有。[1]

我們總有一天會死去。我們最終都會變得貧窮。到了我們被長埋於土地裏，並被墓碑覆蓋著我們的那天，我們最終都會明白，我們都是人類的一部分，那為甚麼我們還要在意要比別人優勝？幾年後，那墓碑可能會被拿走，我們都會被人遺忘。

我們的現實，是一個分歧的現實，是一個害怕軟弱和死亡的現實。但在我們內心的某處，我們有著對和平的渴望。耶穌的異象是要我們與低下階層的人會面，幫助他們成為有自信的人。為了打破那些將人們分隔著的圍牆，我們必定不能攻擊圍牆。我們必須從底部開始。耶穌來到，是要向窮人宣告好消息，宣告被擄的人得釋放、被壓制的人得自由、瞎眼的人可以看見。讓我們幫助窮人站起來，然後幫助那些有權力和金錢的人明白到，為了和平，他們也應該參與在這異象之中，開始幫助那些弱者站起來。而和平是人類所能夠尋求的最大的善。

當這樣的事發生時，每個人都會開始改變。那些有權力和財富的人會開始變得更為謙卑，而那些正在站起來的人，不再需要讓自己成為受害者，也不再需要感到憤怒或沮喪。這種靈性所要表明的是，上帝希望我在所身處的景況中，接受自己的本相，並謙卑下來。這就是生命的靈性，這種靈性幫助人們站起來，並找到自己的位置。這不是死亡的靈性。耶穌希望那些被壓迫的人能夠站起來，而那些擁有權力的人則能夠發現另一條路——一條分享和憐憫的路。

耶穌按我的本相愛我

有一個殘障的小男孩在巴黎的一間教會首次領聖體。聖餐禮後，他們一家舉行了一個慶祝會，一起喝咖啡和茶。那個小男孩的叔叔走到他母親那裏說：「那不是很優美的禮儀嗎？惟一令人憂愁的地方是他甚麼也不明白。」那小男孩聽到後，含著淚說：「媽媽，不要擔心，耶穌按我的本相愛我。」

做回自己是沒有問題的。如果我年歲漸長，這也沒有問題。那就是我。那是我旅程的一部分。我毋須成為別人希望我成為的人。但我們的社會不肯定我們是誰，因此我們都為著自己的身分而掙扎。在足球比賽期中，無論是英國人、法國人還是意大利人，每個人都高興地呼喊，或是流起淚來，因為他們都想自己的那一方勝出。我們都有自己的文化身分、宗教身分——或者我們的非宗教身分。當我們被自己的國族或種族身分引導時，我們很快便會落入敵對之中。為了避免令敵對變成憎恨，我們需要發現一些更基本的東西。

這就是耶穌想給我們的 —— 一個真理性（truthfulness）的基本身分。耶穌想我們成為真理的朋友。祂想我們有像那個小男孩的身分 —— 意識到自己蒙祂喜愛。如果我們發展那在我們裏面最親密的東西，我們便會得到轉化。我們不再從團體中尋求榮耀；相反，我們變得自由。那就是轉化。

我們蒙召按人們的本相與他們相遇，並知道每一個人都是寶貴和重要的。當然，有些人好像敵人或恐怖分子那樣行動。我們心裏可能有很多傷害。但真正的問題總是，怎樣發現我們的基本身分是上帝的孩子，並與所有有著同一個基本身分的人聯合起來。當我們發現這點時，我們便找到方法彼此相遇，彼此對話。

耶穌到來所分享的異象，是關乎與人們的相遇和對他們的信任。相信耶穌，就是相信我們是蒙愛的。那是要知道，存在著一種比成為宗教羣體或其他羣體的一分子更深刻的經驗，就是成為真理的朋友、耶穌的朋友、上帝的朋友那基本的經驗。但我不能單靠自己這樣做。我需要羣體。我需要朋友。

在過去的四十年，我在殘障人士身上認識到轉化的力量。我現在已不再經常在一個家裏生活。我在外面有一個小小的地方。但我有幸總是在殘障人士的家裏吃飯。隨著年紀漸長，我發覺自己與所謂正常人相處時有困難。我不知道應該與他們談論甚麼。與殘障人士一起吃晚餐時，我可以鬧著玩，但我可以看到，我正變得邊緣化。我知道，向更廣闊的世界説話是重要的。但當你發現你正活在兩個世界中，這並非總是容易的事。在更大的世界中，我談及我家裏的人，以及我們一起時的歡樂。我也會談及我所發現到的一些重要事情，就是與殘障人士在一起，與他們一起歡樂、歡慶生命和享受樂趣。很多人知道怎樣喝威士忌和去戲院，但卻不知道怎樣歡慶。歡慶就是説：「我們在一起時很快樂。」

耶穌到來是要改變世界，在這個世界中，上層的人擁有特權、權力、聲望和金錢，而底層的人卻是被視為無用的人。耶穌到來是要創造一個身體。保羅在哥林多前書十二章之中，將人的身體比作基督的身體。他説身體上那些最軟弱和最不體面的部分，對身體而言，都是不可或缺的。換句話説，最軟弱和最不體面的人對教會而言，都是不可或缺的。不過，我卻從未見過有討論教會論的書，是以這句話作開始的！有誰相信這句話呢？但這是信仰的核心，這就是成為教會的意思。我們真的相信最軟弱、最不體面，以及那些被我們收藏起來的人，是不可或缺的嗎？如果這是我們對教會的異象，它會改變很多事情。

我一直嘗試指出，我們那深刻的需要是要去與那些在圍牆另一邊的人相遇，並在當中發現他們的恩賜，以及欣賞他們。我們必須不受困於那種對有權力控制窮人的需求之中。我們需要與窮人走在一起。這可能顯得有點瘋狂，因為這不像一個要改變世界的計劃。但如果我們感到快樂，我們或許可以改變世界。或許我們最需要的，是與那些軟弱和脆弱的人一起慶祝和歡慶。或許最重要的事情，就是學習怎樣建立歡慶的羣體。或許，當我們學懂怎樣一起享受樂趣時，世界就會被轉化。我不是認為我們不要談論嚴肅的事情。不過，或許我們的世界最需要的，是一些羣體，讓我們能夠一起歡慶生命，並為我們的世界成為盼望的記號。或許我們需要的，是那顯示我們能夠彼此相愛的記號。

第四章
溫柔的政治學

侯活士

「愛並不表示做特別的或英勇的事情。愛表示知道怎樣以柔情來做普通的事情。」[1] 柔情（tenderness）和溫柔（gentleness）是范尼雲的生命和工作的特質，也是方舟團體這運動的特質。范尼雲指出，「羣體是由人們每天彼此表示溫柔的關注而構成的。它由那些表達出『我愛你』和『我喜歡與你一起』的微小動作、服事和犧牲所組成。那是讓別人走在你前面，在討論中不嘗試證明自己是對的；那是從別人身上除去微小的擔子」。[2] 溫柔——方舟團體的世界是溫柔的。我想利用這個機會探討溫柔的政治學。為甚麼溫柔必須是任何公平的政治學的一部分？

面對著這個亂作一團的政治世界，我們大部分人都會在最後才聯想到溫柔。我們假設，政治是關於衝突和得到利益上的滿足。另一方面，溫柔是一種個人關係的特質。

它跟權力或統治的問題沒有多少關係。這當然是一種二分法；我藉著請大家留意在方舟團體之中溫柔所扮演的角色，從而對這種二分法提出挑戰。

我想以范尼雲和方舟團體的工作作為參考，對當代倫理學和政治學那些相關的假設，建立一種批判。因此，我是「利用」范尼雲和他的朋友，但我不會為了撰寫關於智障人士的事情而道歉。對於我們這些不是每天都跟殘障人士一起生活，而是在大學中生活的人，利用殘障人士來提出論點，就好像一種欺騙。但我會盡量利用我被方舟團體的世界所吸引的經歷，盡最大的努力說明，為甚麼方舟團體有那麼多事情教導我們。

集中討論溫柔，會造成一個修辭上的難題。我的風格是論辯式的，而且我懷疑許多人都不會認為我的著作有著溫柔或柔情的特質。因此，我擔心我這種為范尼雲和方舟團體那溫柔的重要性而爭辯的嘗試，可能違背了他和方舟團體所關乎的事情。我惟一的辯解是，上帝給予我們不同的任務。我一直以來的任務，都是讓范尼雲的智慧，與那些我恐怕是與被我們稱為「智障」的人對立——若不是直接的威脅著——的哲學和政治立場展開對話。不過，這表示我一向的寫作風格都是進取和對抗性的。

但是，我不想讓我這種論證方式掩飾了溫柔的重要性。我希望我會證明自己是一個適當的聆聽者，因為學習聆聽是方舟團體中的生命那溫柔品格的基礎。不過，我是一個學者，而眾所周知的是，學者並不擅長聆聽。在人們還未說話之前，我們便總以為我們知道他們想說甚麼，我們回應的是那些我們以為人們會說的話，而不是他們那些實際說過的話。原來，要學習好好的聆聽，結果可能是要我們學習成為一個溫柔的人。

范尼雲說學習聆聽可以是頗為痛苦的，若他是對的話，以上所說的就特別真實。例如，范尼雲寫道：

> 為了服事窮人而開展的羣體，必須逐步地發現那些窮人所帶來的恩賜/禮物。那些在慷慨之中開展的羣體，他們必須進而聆聽。最終，最重要的事情不是為窮人和絕望的人做事情，而是幫助他們相信自己……。有些羣體卻藉著聆聽他們成員那些對得著模塑和安康（well-being）的需要，而被發展起來。這種成長通常都是在物質上的：羣體想得到最好和最舒適的建築物，在那裏每一個人都有自己的房間。這些羣體會頗快地死去。其他的羣體會藉著聆聽窮人的呼喊而成長。大部分時間，這會讓他們本身變得更貧窮，因此，他們可以更接近窮人。[3]

若我要聽從范尼雲的說話，這會是甚麼意思？我不想變得貧窮。我想繼續做學者，藉著表現得比我所批評的人更善於論辯，而裝作為那些智障人士辯護。簡單來說，我不想學習成為溫柔的人。我想成為代表著方舟團體的戰士，與那些威脅要消滅這些溫柔團體的政治作戰。當然，范尼雲也是戰士。但當我看見一個要被打敗的敵人時，他卻看見一個需要醫治的傷口。這是一個深刻的分別。

范尼雲認為，我們都帶著深深的傷口——由我們的孤單所造成的傷口。因此，我們發覺自己很難獨處，於是我們藉著加入羣體，以嘗試醫治我們的孤單。不過，為了有所歸屬而歸屬於某個羣體，這並不能幫助我們，卻只會帶來失望。我們必須明白，正如范尼雲所說：「這個傷口是人類的狀況中所固有的，我們需要做的是與它同行，而不是逃避它。我們不能接受它，直至我們發現，上帝按著我們的本相愛我們，而聖靈以一種神祕的方式，活在那傷口的中心。」[4]

這是在方舟團體的中心的徹底洞見。除非我們學習視我們的敵人為蒙上帝所愛的受傷的人，否則，溫柔是不可能的。范尼雲所講述的那些殘障人士的故事，通常都是關於不容易克服的孤單的故事。他講述丹尼爾（Daniel）的故事作為例子。丹尼爾的殘障是那麼的嚴重，以致他的父母都不想要他。在丹尼爾被送到一間接一間的療養院後，他最終被送到一間精神病院。范尼雲觀察到，即使在方舟團體，丹尼爾也不時會脫離現實，他「將他那極度的痛苦和他自己隱藏在幻覺後面。他在自己內心周圍築起了一些厚厚的圍牆，阻止他成為他所是的人。他為到自己的存在而感到內疚，因為沒有人會按著他的本相而需要他」。[5]正如范尼雲在上一章所說的，孩子的心是很容易受傷的，而當那傷害變成一個傷口，我們都會圍繞著這傷口而築起一幅幅保護的圍牆。這樣被築起來的圍牆，只能夠藉著溫柔而被衝破。

溫柔的政治學

不過，這跟政治學有甚麼關係？我認為方舟團體的溫柔幫助我們明白到，為甚麼自由主義的政治理論（liberal political theory）在提供那些維護智障人士的道德規範時，遇到那麼多的困難。我必須清楚的表明，我說的「自由主義的政治理論」，不是指美國民主黨（America's Democratic party）那綱領背後的理念，而是指美國自由派和保守派都共同採納的政治哲學。根據賴因德斯（Hans Reinders）所言，我們那政治性安排的核心，是假設「個人有自由按著自己的喜好而生活，只要他們也容許別人有同等自由去做同樣的事，並接納和接受一種對社會合作的責任和利益所作的合理分攤」。[6]

以一個更通俗的方式來表達，就是我們都活在這樣的一個時代：除了那個在他們以為沒有故事時所選擇的故事之外，人們就認為沒有其他的故事。這是在被自由主義的政治理論所模塑的社會裏的「自由」。如果你不相信你就是這樣，你只需要問一問自己，你是否相信：如果人們不知道自己在做甚麼，他們應否為自己所作的決定負責？大部分人都認為不應該。這種自由的精神特質深入我們的靈魂。我們相信，只有在我們知道自己在做甚麼時，我們才需要為我們自由地選擇的事情負責。

這種思維的困難在於，婚姻會變得不可理解。在我們承諾終生都忠於一個伴侶時，我們怎能知道自己到底在做甚麼？基督徒需要到教堂，在一眾見證人面前結婚，讓我們可以在他們不知道自己在做甚麼時，要求他們信守他們的承諾。如果婚姻令到這種對自由的理解變得不可理解，讓我們也嘗試想想生兒育女這件事吧。你永遠得不到你想要的孩子。但我們仍然感到有一種異乎尋常的壓力要去撫養孩子，以致讓他們不會因為我們的信念而受苦。否則，我們會認為他們得不到「自由」。但這卻只會顯示出，我們不知道自己為甚麼要有孩子。而這是關係到現在模塑著我們生命的那些關於自由的重大假設。我們相信，我們應該製造一些人，他們除了那個在沒有故事時所選擇的故事外，便再沒有故事了。因此，我們的孩子在成長期間，以為自由就是在索尼（Sony）和樂聲（Panasonic）之間作出選擇。

在這個如此理解自由的文化中，賴因德斯說，我們假設智障人士：

> 在某程度上〔缺乏〕理性和自由意志的能力。由於在公共的道德那自由主義的觀點中，這些能力是其核心價值的實質，因此根據這種觀點，智障人士從來都沒有完整的道德地位。在這種觀點下，道德羣體乃由「人」所構成，因此，這道德

> 羣體就是由理性和自由意志的能力所構成的。當我們談論到，這種關於人的觀念也包含那些嚴重智障的公民時，我們便會有著特別的困難；這是因為根據自由主義的觀點，只有作為理性的道德踐行者（moral agent），才能夠接受平等的關注和尊重。[7]

我恐怕這聽起來可能有點誇大，但賴因德斯所描述的，正是被我視為推動著當代政治的那個傷口，而且這個傷口被一些圍牆妥善地保護，這些圍牆並不容易被打破，因為它們似乎十分合理。我在上面所描述的那個關於自由的神話，是那個我們告訴自己的故事，藉以隱瞞一個事實：我們實際上不是自己的受造物。政治哲學中一些已經完成的工作，支持我在這裏提出的觀點。在上世紀後半期，最具影響力的政治哲家羅爾斯（John Rawls）寫了《正義論》（*A Theory of Justice*）這本現在被奉為經典的著作。美國一位十分重要的公共知識分子努斯鮑姆（Martha Nussbaum）是羅爾斯的傳人。努斯鮑姆承認，自由主義的政治理論在承認智障人士的地位方面出現困難。努斯鮑姆在其著作《正義的界限：殘障、國籍、物種的成員身分》（*Frontiers of Justice: Disability, Nationality, Species Membership*）中指出，她觀察到，我們都假設，那些能夠參與一個公平社會的人，都是「精神或身體沒有嚴重殘障的人類」。[8]

努斯鮑爾沒有放棄那種對政治的主流理解，而是想完善自由主義的政治理論，將殘障人士也包含在內，而又不放棄自由主義的基本洞見。她的工作乃是以三名智障人士為依據。他們包括：哲學家伊娃・基塔（Eva Kittay）和她丈夫杰弗里（Jeffrey）的女兒塞莎（Sesha），她由於大腦麻痺和智障，永遠都不能走路、說話或閱讀；努斯鮑爾的外甥阿瑟（Arthur），他因患有阿斯波哥爾綜合症（Asperger's syndrome；譯按：一種泛自閉症障礙，患者不善交際、興趣偏狹）而缺乏社交技巧，不能上學，但卻擅長機械性的動作；文學批評家夫婦邁可・貝魯布（Michael Berube）和珍納・萊昂（Janet Lyon）的兒子杰米・貝魯布（Jamie Berube），他患有唐氏綜合症。[9] 雖然這些都是學者的孩子，但努斯鮑爾確實提到真實的人。對她來說，這不單單是理論活動。

根據努斯鮑爾所言，以合約雙方的相互利益為根據，而嘗試使社會合作得到保証，這是自由政治理論的核心。正如她所說的「堅決的理性主義」（strong rationalism），為自由主義的計劃賦予其特質，希望對一種避免訴諸直覺和偏見的政治生命的論述，得以證成。[10] 自由主義的政治理論的其中一方面，是嘗試避免偶然性。我們嘗試提出正確的論證，而在其中並不用訴諸我們在偶然的歷史狀況中的經驗。自由主義教導我們如何提供一個公義的論述，當中並不倚賴利他主義（altruism）的假設，而是設想一個誠然是虛構的討價還價過程，並在其中建立互利的基本原則。所假設的就是：如果人們可以看到正確的事情真的是對他們最為有利的，他們便會做正確的事情。

努斯鮑爾沒有質疑自由主義的政治計劃這些基本的假設。但她承認這種對公義的理解沒有考慮到殘障人士。這至少部分地是因為「社會的基本原則由誰設計？」這個問題，並未從「社會的基本原則為誰設計？」這個問題中被區分出來。[11] 她認為我們將「由誰」和「為誰」的問題合併了。努斯鮑爾指出，由於這種混淆，自由主義的政治理論最終會帶來違背常理的結果，因為那些智障的人被排除了。這個結果是違背常理的，因為至少在我們的時代：

> 殘障人士的公義這個問題，在每個正當社會的議程中都是顯著的；在參與基本政治選擇的情況中遺漏了他們，這是有問題的，因為他們之中有很多人都有明顯的選擇能力；在社會那最基本的原則所選擇的羣體中遺漏了他們，這問題則會更大。[12]

努斯鮑爾與一種張力進行爭鬥，那張力就是我們的社會中那含混的立場：我們在說想照顧我們當中的殘障人士的同時，卻又想排除他們。羅爾斯（或其他思想相近的自由主義理論家）在回應努斯鮑爾對殘障人士的關注時，所需要做的似乎只是去承認，在殘障人士爭取他們自己的利益時，我們需要給他們作一些預備。你可以說，只要我們在開始時將比賽場地平整，我們便可以有公平的比賽。不過，努斯鮑爾卻指出，羅爾斯不能接受這個建議，因為如果他這樣做，他「會失去一個用以量度社會中誰是最不富有的人那簡單和直截了當的方式，一個為了思考資源的分配和再分配時而要作出的決定，那決定只會單單以收入和財富作為考慮因素」。[13]

因此，努斯鮑爾認為，與其好像羅爾斯那樣專注於收入和財富，並且若我們不想智障人士被不公平地排除，那麼我們就必須採取一種能力的進路（a capabilities approach）。我們需要學習去提問：「每個人有能力做甚麼？」根據努斯鮑爾所言，專注於能力，表示我們基本上都是身體性的存在物（bodily beings），我們的理性只是我們那動物性的其中一面。因此，我們的「身體的需要，包括我們對被照顧的需要，都是我們的理性和社會性的一個特點」。[14] 專注於能力，表示各種需要的差異可以受到尊重。這讓我們得以作出如下的提問：為甚麼兒童比成年人需要更多蛋白質？或者更概括地問，為甚麼有些人比其他人需要更多照顧？以及為甚麼那照顧必須是個人化的？[15] 而且，努斯鮑爾認為，這種照顧被正確地理解為關乎公義的問題。

對於努斯鮑爾這種為承認殘障人士的需要而作的嘗試，我們不能不表示同情。但不清楚的是，能力這個觀念能否促進公義。能力這個觀念本身所倚靠的是對一些實踐作細心分析，這些分析容許我們將某個特定的人的需要，與能夠滿足那些需要的東西關連起來。不過，既然努斯鮑爾堅決維持羅爾斯的自由主義框架，那麼這種具體性就是不存在的。[16]這便再次回到同一個問題上：我們在嘗試想像沒有人類生命的偶然性的政治時，殘障人士便擋在路中。

瑞安（Alan Ryan）正確地指出，努斯鮑爾所說有關殘障人士的需要和能力的話，並非沒有說服力。他認為，當中的困難在於人不清楚為甚麼我們——我假設他所說的「我們」指的是那些非殘障的人——與殘障人士的關係是關乎於不公義的問題。瑞安問道：

> 若說責任是嚴格、不能逃避和迫切的，但卻不是公義的責任，我們會失去甚麼？努斯鮑爾一再顯示，在那些將公義解釋為相互利益的契約的理論之中，沒有一種理論會顯示這些對殘障人士的責任是關乎公義的問題。幫助亞瑟的人可能只會得到很少的相互利益。我們需要不同的公義理論？還是應該說很多責任都是直接建基於人們的需要，而我們對這些人是有責任的，但卻不是關乎公義的問題？我們採取不同的說法，會有著甚麼分別？[17]

努斯鮑爾可能會回應說，我們採取不同的說法，會帶來很大的分別，因為若我們不明白在照顧塞莎、阿瑟和杰米時所做的是甚麼，我們可能會放棄他們，而將他們交給一個我們不相信會對他們提供照顧的世界。他們是幸運的，因為他們有關心他們的父母，但如果你沒有關心你的父母，那又怎樣？努斯鮑爾嘗試提供一套理論，以保證塞莎、阿瑟和杰米可以得到照顧，但當中的問題正在於那只是——一套理論。而且，這套理論會令那由孤單所造成的創傷成為必然，以讓我們逃避他人和殘障人士。

相反，賴因德斯認為，跟那些持懷疑論的旁觀者爭論「人是否應該關心殘障人士」，這根本無濟於事。相反，他認為對一個自由社會而言，重要的是可以找到願意從事於照顧殘障人士這種實踐的人。根據賴因德斯所言，沒有公共政策或理論可以解決那些看來屬殘障人士生命中的擔子的問題，除非「這政策或理論可以帶來資源，推動公民們去珍惜這政策或理論所要求承擔的義務」。[18] 畢竟，在跟別人分享生命之中所找到的意義——這意義通常都令人感到驚訝——並不能在那活動以外被找得到。

這誠然是一種對政治理論所作的詳細考慮，並最終把我帶回到方舟團體的工作那特有的溫柔之中。在一篇早期文章〈方舟團體：它的歷史和異象〉（“L’Arche: Its History and Vision”）中，范尼雲講述他怎樣成為范尼雲。他指出，他在一九六三年第一次遇到智障人士。托瑪斯神父是一位道明會的神父（Dominican priest），也是一個住有三十個男人的家的牧者，那個家是位於一條名叫特羅利—布勒（Trosly-Breuil）的小村莊。范尼雲當時在多倫多大學（University of Toronto）的聖米迦勒學院（St.

Michael's College）教授哲學，但透過托瑪斯神父，他遇到菲利普和拉菲爾，並開始與他們一起在特羅利生活。范尼雲報告說：

> 我們開始一起生活，買食物、煮食、清潔、打理花園等。我對殘障人士的需要一無所知。我只想與他們一起建立羣體。當然，我確實有著一種傾向，要去告訴他們應該做甚麼；我安排和計劃一天的日程，而沒有徵求他們的意見或意願。我相信在某方面來說，這是需要的，因為我們都不認識對方，而他們也來自具結構性的環境。關於聆聽殘障人士的需要，我有很多事情需要學習；關於他們成長的能力，有很多事情有待我去發掘。[19]

正是在這裏，政治理論受到衝擊。努斯鮑姆想為范尼雲對這種為殘障人士提供幫助的行為提供理據。但她所不能做到的是，給范尼雲一個與他們一起生活的理由。但這卻正是范尼雲說他所最需要的。他需要有人教導他怎樣變得溫柔。學習對智障人士溫柔並不容易。正如范尼雲說過，他們也因為孤單所造成的傷害而受苦。他們可能有太多要求。這表示，溫柔需要那於創造信任時所必需要的緩慢和耐心的工作。對建立信任十分重要的是，方舟團體的助理認識到那些由自己的孤單所模塑的黑暗、破碎和自私。要記得，所有助理來到方舟團體時都已經被我描述的那些政治假設所模塑。根據范尼雲所言，透過努力地發現我們自己也好像那些智障人士一樣的受到傷害，我們便會發現我們是多麼的「需要耶穌和祂的保惠師。因為如果沒有祂們，我們便不能進入這憐憫的生命，以及進入與軟弱的兄弟姊妹的團契之中」。[20]

如果有人懷疑范尼雲是否明白他所學到的東西的政治含義，他會告訴我們，透過與智障的男女接觸：

> 我發現我們的社會是多麼的分裂和破碎。一方面有那些健康的、能夠很好地融入社會的人；另一方面卻有那些被排擠、處於社會邊緣的人。就如在亞里士多德的時代一樣，現在仍然存在著主人和奴隸。我發覺如果沒有人嘗試跨越那將不同文化、不同宗教、甚至不同的個人分隔著的鴻溝，和平便不可能佔優勢。[21]

范尼雲所寫的論文是關於亞里士多德的。他很明白亞里士多德的見解，就是若要試驗任何好的政體，人便需要看它有沒有能力支持在有德性的人之間的友誼。亞里士多德將友誼區分為三種。「功用的友誼」（friend of use），只有在你需要別人時才能夠維持；我們現在稱之為「業務關係」。「快樂的友誼」（friend of pleasure），只有在人們彼此享受時才存在。不過，「德性的友誼」（friend of virtue）所倚靠的是，人們在彼此身上看到對方的德性。但亞里士多德不會認為，智障的人與智力正常的人之間可能存在著友誼。范尼雲卻相信方舟團體就是關乎友誼的。這不單是對亞里士多德那對友誼的理解的一種挑戰，也是向自由主義的政治理論的假設提出質疑；這種理論嘗試設想一種政治，友誼在其中只是一種後來加添的東西。

正因為這樣，我大膽地提議，那種構成方舟團體的工作的溫柔，其性格和那些實踐並不是方舟團體所獨有的，而是任何關乎共有的善的政體都必須擁有的。因為，正如賴因德斯指出，溫柔要求我們學習看到：

> 別人是「給定」(given)我們的，意思是在社會道德的規則和原則之前，別人在我們生命中的存在，便已構成我們的責任。道德責任既不是源自契約關係，也不是源自獨立個體之間的合作性交流。相反，它是源自道德自我(moral self)的本質，這道德自我在社會關係的網絡中發現自己……那些由愛和友誼所給予我們的好處，是結果而不是條件，這解釋了為甚麼由這些關係所構成的人類生命，能夠被恰當地經驗為恩賜/禮物。一個社會對那些具倚賴性的他者(就像智障人士)負責任，是因為其中有足夠的人接受類似這樣的論述為真實的。[22]

簡而言之：我們的生命不是由我們自己製造的。我們要將自己的生命當為恩賜/禮物來接受。若說「我們除了在沒有故事時所選擇的故事以外，便沒有其他故事」，這便是一個謊言。成為人就是要學習到，我們並不能創造自己的生命，因為我們都是受造物。基督徒是那些承認有天父的人，我們可以為到自己的存在而感謝祂。基督徒的門徒身分就是要去學習，沒有遺憾地接受我們的生命為恩賜/禮物，這樣有著最深刻的政治含義。而現代的政治理論和實踐，卻在很大程度上是關乎創造一個社會，在其中我們毋須承認，我們的生命是我們從彼此那裏所接受的恩賜/禮物。

這些都不是微不足道的事情。在《殘障在文化上的地位》(*Cultural Locations of Disability*)這本書中，斯奈德(Sharon Snyder)和米切爾(David Mitchell)給殘障提倡一種文化模式，令一種政治行動成為可能，「這種政治行動將殘障重新命名，表明它為抵抗的基地，以及那從前被壓抑的文化踐行(cultural agency)的來源」，「至少令羣體可以成功地根據一種受破壞的材料和語言學的遺產，重寫自己的定義」。[23] 換句話說，他們想看到殘障人士藉著取得力量而抵抗社會的標籤。他們提出，這種抵抗是必須的，因為在現代，單單是殘障這個稱號就代表著一個批評和一個承諾：「它的存在代表文化衰敗的一個墮落的臨在，傾向退回以前的原始狀態；而同時又似乎承諾，它的缺席會標誌著現代性作為文化計劃的完成。」[24] 但我承認，我不相信，殘障在文化研究上的一個模式會提供他們所渴望的那種抵抗。我懷疑，最終它只是借助於在努斯鮑姆的假設中那相同的精神特質。

相反，我認為范尼雲已經給予我們所需的恩賜/禮物，這恩賜/禮物能夠幫助我們克服以自由為名而緊抓著我們生命的那個由孤單所造成的傷口。范尼雲正確地將方舟團體的恩賜/禮物設想為政治性的。沒有好像方舟團體這樣的榜樣，我們會假設除了源自我們那孤單的不信任的政治外，我們便沒有其他選擇。我恐怕我們當中很多人都會像丹尼爾一樣，為到自己的存在而感到內疚，結果，我們都設法以厚厚的圍牆保護自己，讓我們毋須承認我們的脆弱。范尼雲向我們示範了一種彼此相處的方式，是我們永遠都不能「想出來的」(thought up)。有一位我認識多年的牧師，他會在教會看著會眾說：「你們在這裏就是一個奇迹。我不能想出或想像到這樣的教會。只有上帝才能夠這樣做。」我們不能想出或想像到方舟團體。只有上帝才能夠這樣做。因此，我們最好向方舟團體學習怎樣保持溫柔——即使在最艱難的關係中仍然保持溫柔。如果我們會聆聽，我們可以從范尼雲的故事中學到怎樣沒有遺憾地接受生命的給定性(givenness)。

上帝與溫柔

嘗試提出溫柔的政治意義，對於我們這樣的一本小書來說，似乎已經是一個相當足夠的任務。但在結束前，我卻不能不探討一個可能是更大的挑戰。簡單來說，我懷疑如果沒有上帝，我們在方舟團體中所看到的那種溫柔是否可能。范尼雲的著作充滿他那明確無誤的天主教信念和敬虔。事實上，在他的著作中很多被我引述過的地方，他都清楚表明，如果沒有耶穌和聖靈，方舟團體的工作會是不可能的。

但在《為快樂而生》（*Made for Happiness*）這本書中，范尼雲指出，今天雖然有很多人都沒有宗教信仰，但仍然重要的是，我們可以在理性層面上與他們溝通，藉以反思有關人性的事情。他正確地指出，亞里士多德的很多洞見對任何倫理學都是有效的。正如范尼雲所看到的，成為人不包括要服從法則。相反，成為人「表示盡可能成為完美的實現。如果我們不成為完全的實現，人類整體便會失去一些東西。對亞里士多德來說，這實現源自進行那至美的活動：在萬物中尋求真理、避免謊言和虛幻、行為合符公義、超越個人並為了社會中其他人的好處而行動。」[25]

我沒有理由質疑范尼雲對亞里士多德的挪用，以支持他與那些不抱有他那種基督教信念的人進行對話。我曾經和平奇斯（Charles Pinches）探討過亞里士多德所提供的一些相同資源，為要幫助基督徒明白成為基督徒的意思。[26] 跟范尼雲一樣，我相信我們受造是為了快樂，而正如阿奎那（Thomas Aquinas）所提出的，我們受造原來只是為了與上帝建立友誼。坦白說，我不能想像有比這更可怕的事情。例如：只需要想一想與羣體中的其他人成為朋友，而需要聆聽他們的故事，這是多麼可怕的事情。我們怎能成為上帝的朋友？當然，與上帝建立友誼，要求一種個人的轉化，就好像藉著與像智障人士般有別於我的人成為朋友，從而學習溫柔。相對而言，亞里士多德可以幫助我們與那些並非與我們有共同信仰的人製造聯繫，但我們仍然相信，我們身為基督徒，所相信的事情最終可能「推翻」亞里士多德的那些範疇（categories），正如阿奎那在他那偉大的作品中所顯示的那樣。

我認為，這表示到，若溫柔是那構成政治的德性，基督徒便不能不與我們所身處其中的那自由主義的政治安排產生張力。羅爾斯式的論述雖然排除了殘障人士，但努斯鮑姆仍然覺得這論述具有吸引力，其中一個原因是，這種論述：

> 單單根據獨立的倫理觀念來闡述，而不依靠形而上和認識論的教條（例如靈魂、啟示或對其中任何一樣的否定）；這些教條會根據宗教或綜合的倫理教條來將公民區分。因此，人們希望這個觀念可以成為公民那部分重疊的共識的對象，而他們在其他方面卻有著不同的綜合觀點。[27]

因此，我們所認識的那種政治，透過政治安排而令強烈的宗教信念變得私人化，從而使其變得次要。如果溫柔實際上既植根於我們與上帝的關係，又是以某種方式為政治安排所固有的，我們便開始明白到，為甚麼方舟團體的政治可以令我們與我們現時的社會安排產生張力。這樣，方舟團體不將它的燈隱藏在籃子底下，這便顯得更為重要。若方舟團體失去它那神學的聲音，我相信那不單是方舟團體的損失，也是任何政治的損失，特別是那些由自由主義的政治安排所決定的政治，而方舟團體正是存在於這種政治中。

我所要求的是，范尼雲願意為那些不接受他的信仰的人洗腳。在他對約翰福音的註釋中，范尼雲藉著評論耶穌替門徒洗腳（約十三 1～17），而思想關於權力的問題。他指出，所有社會都建基於一個金字塔模式，就是有權勢、富有和聰明的人身處金字塔的頂部。但耶穌卻藉著替門徒洗腳，而取得了奴僕的身分。范尼雲承認，當殘障的人替他洗腳時，他深受感動。殘障的人替他洗腳，用范尼雲的話說，就是福音的政治學是「顛倒的世界」的政治學的原因。[28]

范尼雲指出，那些替殘障人士洗腳的人會受到試探，要以服事為名而實行那權力的金字塔。例如：他提出在君士坦丁（Constantine）於三一三年歸信基督教後，教會和國家便交織在一起，以致很多主教和修道院院長都彷彿成為了諸侯和地主。社會的主流習慣變成了教會的習慣，從而腐蝕了教會。但亞西西的法蘭西斯（Francis of Assisi）卻拒絕攻擊教會的建制——在教會的建制中也包括了很多好人。他藉著委身於窮人而選擇另一條路。[29]

在思想法蘭西斯給他那些弟兄領袖所作的勸誡時，范尼雲指出：

> 耶穌的追隨者會繼續被困於那弔詭中。牧羊人、教師和領袖都是必須的。他們有權力，但他們應該怎樣根據福音的精神來運用權力？他們從耶穌那些信息的真理中，應該怎樣帶出清晰的信息？他們應該怎樣反對財富所帶來的權力？他們應該怎樣成為僕人－領袖，謙卑地獻出自己的生命？[30]

范尼雲的答案是：「當窮人和弱者存在時，他們防止我們墮進權力的陷阱——甚至是做好事的權力——以為我們自己是好人，而必須拯救那位救主和祂的教會。」[31]我認為這表示到，溫柔的政治學不能是勝利的政治學。因此更重要的是，方舟團體那神學的聲音，不會以嘗試令那些來自不同背景和宗教傳統的人和解為名而被消滅。我們這些基督徒不應該因為失去基督教王國（Christendom）而感到遺憾。但基督教結構和制度的喪失，令耶穌在替門徒洗腳時所示範那溫柔的關心，變得更為重要，這種在方舟團體中所示範的溫柔，應該理直氣壯地見證透過十字架來拯救我們的那一位。否則，世界怎會知道我們的孤單已經被克服，而且我們可以彼此信任？

結論
方舟團體作為一個和平運動

斯溫頓

和平的基本原則是相信每個人都是重要的。

范尼雲

我相信方舟團體給基督徒和非基督徒的其中一份恩賜／禮物，是幫助我們看到和平是怎樣的。

侯活士

「否則，世界怎會知道我們的孤單已經被克服，而且我們可以彼此信任？」

這是一個多好的問題。一個沉浸在暴力和無意義中的世界，已看不見那個能令所有的其他故事都變得有意義的故事，它需要認識到，真理是可能的。這個世界也需要知道，雖然這個世界有暴力，但和平卻不單是可能的，更是可以看到的。基督的十字架可能克服了世界的黑暗，但有時我們也需要看見這事實。在我們渴望和平時，我們也渴望看到和平。

在最近一篇文章中，侯活士將方舟團體描述為一個和平運動。[1]他指出，在近年，范尼雲開始強調方舟團體是一個示範和平的地方。事實上，侯活士更提出，范尼雲很快地來到一個地位，讓他明白到示範和平是方舟團體一個必不可少的任務。跟這本書所提出的問題一致的是，范尼雲繼續讓我們注意恐懼，並視之為暴力的來源。完全的愛克服恐懼，但恐懼卻令我們背叛自己，並向暴力的可能性開放。正如侯活士這樣說：

> 主宰我們生命的那恐懼，首要的不是對敵人的恐懼，除非我們要承認我們每個人都是敵人；首要的反而是那作為暴力的來源的恐懼，就是令我們不願意承認我們生命中受傷的品格的那恐懼。方舟團體是這樣的一個地方：在那裏每個人的傷口都不能避免的被揭露，因此有望得到醫治，也因此讓這裏成為一個處境，讓我們在其中學習和平所必須的那些忍耐的習慣。范尼雲知道，這種對和平的理解，對於在國際層面上創造一個更和平的世界，可能不會有甚麼結果，但他卻提出「無論我們在哪裏——在家庭中、在工作中、在教區中、在社區中——我們都蒙召成為和平的男女」。[2]

這正是本書的文章提供給我們的是：成為和平的人的方法，無論我們可能在哪裏。這些方法邀請我們去認識到，歷史和時間並不屬於我們，而是來自上帝的恩賜／禮物，並且有其目的和方向。除了活在那個由上帝所創造的世界中，並且上帝應許會引導這世界走向它那正確的終局外，我們就別無選擇。有時我們可能希望事情不是這樣！我們可能希望可以逃離上帝的護佑，在我們自己的時間中和平地生活。但這個世界的暴力卻顯示到，這種願望及居住在「我們自己的時間中」的這種渴望，只會創造出一個虛幻的空間，我們在其中遇到世界的痛苦，卻沒有盼望，也沒有可能得到轉化或與上帝和好。我們當中沒有人會希望在那空間中長時間居住。我們都活在上帝的時間和歷史中。拯救世界是上帝的任務而不是我們的任務。我們的任務是，無論在哪裏，我們都作忠心、和平的百姓。那和平的模樣並不是由世界的暴力所決定，而是由以下的認信所決定的：承認那溫柔的耶穌救贖了時間，以及承認忠心地生活的關鍵是真確、耐心和溫柔地生活，直到主再來（雅五 7）。

方舟團體提醒我們，時間不會只是要浪費、花掉、儲蓄或使用的商品，而是給予我們的恩賜／禮物，讓我們可以追求天國的事物。生活在方舟團體中的人明白到時間是恩賜／禮物。[3] 當我們脫離時間的暴虐時，我們便可以開始以不同的方式來看這個世界；而當我們以不同的方式來觀看時，我們便開始明白到這個世界是一個多麼古怪的地方。當我們這樣看世界時，我們便不會再受到「最終的命途和快樂都連繫到我們怎樣『花』〔我們的〕時間」這個危險的幻象所束縛。這樣，我們便會發現一個「新時間」的實在；「有時間關心那些不承諾會令世界成為更好的地方的人；有時間與那些不承諾會對我們的地位作出貢獻的人一起；有時間無償和快樂地敬拜上帝，而祂卻不承諾事情總會『妥當』；有時間耐心地等候主再來」。[4]

方舟團體在時間的織錦上留下印記，這個印記提醒我們，在耶穌裏，時間已經得到救贖，我們可以實行那些和平的實踐。它的存在提醒我們，基督教不是一套理論，而是一種實踐。要相信基督教，我們不單需要認識上帝；也需要在萬物及在一切時間中看見上帝，感受上帝，愛上帝。那就是我們的和平，我們的平安（shalom）。和平依從福音的模樣；它需要讓人看見和相信。方舟團體幫助我們開始看到和平是怎樣的。

> 使人和睦的人有福了！因為他們必稱為上帝的兒子。
>
> 耶穌

註釋

導論：在暴力的世界中溫柔地生活

1. 聽到我的朋友兼同事蒙特斯（Graham Monteith）在阿巴甸的一個會議（這些文章正源自那個會議）中發出呼籲，要求人與殘障的人復和，要從往往使他們與智障的人分開的那些侮辱性態度中被贖回；這是十分有趣的。即使在殘障羣體中也有階級，而智障的人往往處於底層。
2. John Swinton, *Raging with Compassion: Pastoral Responses to the Problem of Evil*（Grand Rapids, M.I.: Eerdmans, 2007）, 191.
3. 參 John Swinton and Elaine Powrie, *Why Are We Here?: Meeting the Spiritual Needs of People with Learning Disabilities*（London: Mental Health Foundation, 2004）；和 John Swinton, *A Space to Listen: Meeting the Spiritual Needs of People with Learning Disabilities*（London: Mental Health Foundation, 2002）。
4. Swinton and Powrie, *Why Are We Here?*, 16.
5. 參 T. S. Kuhn, *The Structure of Scientific Revolutions*（Chicago, I.L.: University of Chicago Press, 1996）。

6. Stanley Hauerwas, *Within the Grain of the Universe: The Church's Witness and Natural Theology*（London: SCM Press, 2001）, 214.
7. Stanley Hauerwas, "Seeing Peace: L'Arche as a Peace Movement"（paper presented at Templeton Foundation conference in Trosly, France, 2007）.
8. Stanley Hauerwas, *The Hauerwas Reader*, ed. John Berkman and Michael Cartwright（Durham, N.C.: Duke University Press, 2001）, 100.
9. 關於范尼雲和方舟團體的歷史，進一步參 Kathryn Spink, *The Miracle, the Message, the Story: Jean Vanier and L'Arche*（Mahwah, N.J.: Hidden-Spring, 2006）。
10. 關於時間充足性的更深入闡釋，參 Stanley Hauerwas, "Timeful Friends," in *Critical Reflections on Stanley Hauerwas' Theology of Disability*, ed. John Swinton（Binghamton, N.Y.: Haworth, 2004）；以及參范尼雲的回應。
11. Gilbert Milaender, "Learning from Pieper: On Being Lutheran in This Time and Place," in *Concordia Theological Quarterly* 63, no. 1（1999）: 37～49.

第一章：方舟團體的脆弱和上帝的友誼

1. John Paul II, "Message of John Paul II on the Occasion of the International Symposium on the Dignity and Rights of the Mentally Disabled Person"（January 2004）, Vatican <www.vatican.va/holy_father/john_paul_ii/speeches/2004/January/documents/hf_jp-ii_spe_20040108_handicapmentale_en.html>.
2. Etty Hillesum, *An Interrupted Life*（New York, N.Y.: Henry Holt, 1996）, 178.

第二章：在陌生的地方尋找上帝

1. 這篇文章收錄在我的書內：Stanley Hauerwas, *Christian*

Existence Today: Essays on Church, World, and Living In Between（Durham, N.C.: Labyrinth, 1988）, 253～266。從二〇〇一年開始，這本書由 Brazos 出版。

2. 耐性是尤達（John Howard Yoder）對和平的理解的核心。可參閱：John Howard Yoder, "'Patience' as a Method in Moral Reasoning: Is an Ethic of Discipleship 'Absolute'?" in *The Wisdom of the Cross: Essays in Honor of John Howard Yoder*, ed. Stanley Hauerwas, Chris Huebner, Harry Huebner and Mark Thiessen Nation（Grand Rapids, M.I.: Eerdmans, 1999）, 24～42。
3. Paul Virilio, *Popular Defense and Ecological Struggles*（New York, N.Y.: Semiotext〔e〕, 1990）, 92；和 Panl Virilio, *Identity*（Scottsdale, P.A.: Herald, 2006）, 119～120。

第三章：耶穌的異象

1. Patrick Viveret, *Reconsiderez la Richesse*（Paris: L'Aube, 2003）.

第四章：溫柔的政治學

1. Jean Vanier, *Community and Growth*（London: Darton, Longman and Todd, 1979）, 220.
2. Vanier, *Community and Growth*, 25～26.
3. Vanier, *Community and Growth*, 97～98.
4. Vanier, *Community and Growth*, 94.
5. Jean Vanier, *Drawn into the Mystery of Jesus Through the Gospel of John*（New York, N.Y.: Paulist, 2004）, 145.
6. Hans Reinders, *The Future of the Disabled in Liberal Society: An Ethical Analysis*（Notre Dame, I.N.: University of Notre Dame Press, 2000）, 14.
7. Reinders, *Future of the Disabled in Liberal Society*, 15～16.
8. Martha Nussbaum, *Frontiers of Justice: Disability, Nationality, Species Membership*（Cambridge, M.A.: Harvard University

Press, 2006）, 17.

9. Nussbaum, *Frontiers of Justice*, 96～98.
10. Nussbaum, *Frontiers of Justice*, 53.
11. Nussbaum, *Frontiers of Justice*, 16.
12. Nussbaum, *Frontiers of Justice*, 18.
13. Nussbaum, *Frontiers of Justice*, 113～114.
14. Nussbaum, *Frontiers of Justice*, 160.
15. Nussbaum, *Frontiers of Justice*, 170.
16. Alan Ryan, "Cosmopolitans," in *New York Review of Books LIII*（June 22, 2006）, 48～49.
17. Ryan, "Cosmopolitans," 49.
18. Reinders, *Future of the Disabled in Liberal Society*, 207.
19. Jean Vanier, "L'Arche: Its History and Vision," in *The Church and Disabled Persons*, ed. Griff Hogan（Springfield, I.L.: Templegate, 1983）, 52.
20. Vanier, "L'Arche: Its History and Vision", 59.
21. Jean Vanier, *Made for Happiness: Discovering the Meaning of Life with Aristotle*, trans. Kathryn Spink（London: DLT, 2001）, xiii.
22. Reinders, *Future of the Disabled in Liberal Society*, 17.
23. Sharon Snyder and David Mitchell, *Cultural Locations of Disability*（Chicago, I.L.: University of Chicago Press, 2006）, 10.
24. Snyder and Mitchell, *Cultural Locations of Disability*, 31.
25. Vanier, *Made for Happiness*, xiv.
26. Stanley Hauerwas and Charles Pinches, *Christians Among the Virtues: Theological Conversations with Ancient and Modern Ethics*（Notre Dame, I.N.: University of Notre Dame Press, 1997）, 3～51.
27. Nussbaum, *Frontiers of Justice*, 163.
28. Vanier, *Drawn in the Mystery of Jesus Through the Gospel of John*, 228.

29. Vanier, *Drawn in the Mystery of Jesus Through the Gospel of John*, 236～237.
30. Vanier, *Drawn in the Mystery of Jesus Through the Gospel of John*, 237～238.
31. Vanier, *Drawn in the Mystery of Jesus Through the Gospel of John*, 238.

結論：方舟團體作為一個和平運動

1. Stanley Hauerwas, "Seeing Peace: L'Arche as a Peace Movement"（paper presented at the Templeton Foundation conference in Paris, France, 2007）.
2. 斯平克引述范尼雲的話：Kathryn Spink, *The Miracle, the Message, the Story: Jean Vanier and L'Arche*（Mahwah, N.J.: HidenSpring, 2006）。
3. 我在這一節對時間的思考，獲益於肯納桑（Philip Kenneson）對侯活士思想的分析（Philip Kenneson, "Taking Time for the Trivial: Reflection on Yet Another Book from Hauerwas," in *The Asbury Theological Journal* 45, no. 1 [1990]）。
4. Kenneson, "Taking Time for the Trivial," 72.

信念再思叢書 慎思明辨・探求真相

為這星期五感謝神 —— 於現今世代再思十架七言
Thank God It's Friday: Encountering the Seven Last Words from the Cross
韋利蒙(William H. Willimon)著／李金好 譯／HK$63

真的上教會?—— 教會敬拜、事奉與使命的重塑
Why Church Matters: Worship, Ministry and Mission in Practice
約拿單・威爾遜(Jonathan R. Wilson)著／陳永財 譯／HK$68

破碎世界裏的忠心教會 —— 從麥金太爾的《德性之後》學習教會之道
Living Faithfully in a Fragmented World: Lessons for the Church from MacIntyre's After Virtue
約拿單・威爾遜(Jonathan R. Wilson)著／陳永財 譯／HK$48

基督徒的神學思考
How To Think Theologically
霍華德・斯通(Howard W. Stone)、詹姆斯・杜克(James O. Duke)著
陳永財 譯／HK$63

與後現代大師一同上教會
Who's Afraid of Postmodernism?: Taking Derrida, Lyotard, and Foucault to Church
史密斯(James K. A. Smith)著／陳永財 譯／HK$63

心靈在線 —— 現代人於網際空間的信仰省思
The Soul in Cyberspace
古德格(Douglas Groothuis)著／羅燕明 譯／HK$63

基督徒看消費主義
Christ and Consumerism: A Critical Analysis of the Spirit of the Age
巴塞洛繆(Craig Bartholomew)、莫里茨(Thorsten Moritz)著／
陳永財 譯／HK$78

緊扣時代 服事教會

以文字傳揚基督真道

讀者意見表

衷心多謝你購買本社書籍。本社一直致力以出版事工服事教會，幫助信徒扎根於神的話語，促進靈命增長。為使我們的出版更能滿足你的需要，請填寫下列各項資料，並寄回或傳真予本社。

所購書籍：______________________

本書最吸引你的地方：

□作者　□適切性　□文筆　□設計　□實用性

□其他：______________________

購買本書地點：

□基道書樓　□基督教書店　□非基督教書店

性別：□男　□女　職業：______________

信仰：□基督徒　□非基督徒

年齡：□ 16 歲或以下　□ 17～25 歲　□ 26～35 歲

□ 36～55 歲　□ 56 歲或以上

學歷：□中三或以下　□中五　□預科

□大學　□研究院

□我欲更多了解基道出版社的事工及考慮支持，請寄給我下列資料：

□機構簡介　□新書資料　□基道會員通訊

□《基道文字事工通訊》

姓名：______________________ 電話：______________

地址：______________________

____

傳真：______________ 電子郵件：______________

其他意見：______________________

____

多謝賜教！

意見表可以傳真（2687-0281）或直接郵寄以下地址：
香港沙田火炭坳背灣街26號富騰工業中心1011室
基道出版社編輯部收